高敏感优势

如何从高敏感变为高情商

[日]长沼睦雄——著
辛晓雯 夏丽莉——译

中国友谊出版公司

图书在版编目（CIP）数据

高敏感优势 /（日）长沼睦雄著；辛晓雯，夏丽莉译．-- 北京：中国友谊出版公司，2021.6

ISBN 978-7-5057-5160-6

Ⅰ．①高… Ⅱ．①长… ②辛… ③夏… Ⅲ．①心理交往—通俗读物 Ⅳ．① C912.11-49

中国版本图书馆 CIP 数据核字（2021）第 044021 号

著作权合同登记号　图字：01-2021-1162

书名　高敏感优势
作者　[日] 长沼睦雄
译者　辛晓雯　夏丽莉
出版　中国友谊出版公司
发行　中国友谊出版公司
经销　新华书店
印刷　大厂回族自治县德诚印务有限公司
规格　880×1230 毫米　32 开
　　　7 印张　116 千字
版次　2021 年 6 月第 1 版
印次　2021 年 6 月第 1 次印刷
书号　ISBN 978-7-5057-5160-6
定价　45.00 元
地址　北京市朝阳区西坝河南里 17 号楼
邮编　100028
电话　（010）64678009

前言

不善沟通？
可能是因为你生来就“过度敏感”

在与人交流的过程中，你是否常常因为过于在意对方的反应，而无法好好表达自己的想法呢？

一旦对方焦躁不安，自己也会情不自禁地感到焦虑，或者对对方是否误解了自己的话语感到担忧……

“明知道对方根本不会意识到这些事情，自己却依旧十分在意对方的反应。”

如果你有类似这样的烦恼，那么，你有可能是 HSP 人群。

HSP（Highly Sensitive Person）是由美国心理学家伊莱恩·阿伦博士结合自身经验，经过相关研究后提出的一个神经心理学概念，指的是比一般人更为敏感的人群。

根据伊莱恩·阿伦博士的研究，在任何国家，都有 15%—20% 的人由于生来就感情细腻，所以会过度在意周遭的反应。

因此，与其说这种特质是在成长过程中逐渐形成的，倒不如说这是先天的生理结构所决定的。

HSP 人群具有“人际界限不清”“过于以对方感受为前提”等特征。

因此，在交流过程中，即使发生一些一般人不会放在心上的小摩擦或者小问题，他们也会一边观察对方的脸色，一边责备自己，觉得是自己的错误导致的。

如果你属于过度敏感类型的人，在与人交流这件事上感到身心疲惫的话，请不要担心，本书可以帮助你了解自身倾向，并且掌握相关的对策，以一种更加阳光的心态迎接未来的每一天！

长沼睦雄

目 录

敏感すぎるあなたが、うまく話せる本

第一章　如何摆脱“心累”/ 023

敏感すぎるあなたが、うまく話せる本

第二章　如何告别“担心说错话”/ 065

敏感すぎるあなたが、うまく話せる本

第三章　如何消除“自我厌恶”/ 103

第四章　如何重塑“强大自信”/ 143

敏感すぎるあなたが、うまく話せる本

第五章　如何培养“强大人际力”/ 181

序章

高敏感一族不善沟通？可能是因为还没有找到方法

1

高敏感一族难以与人交流的三个主要原因

虽然都被称为 HSP 人群，但是在“敏感”这一点上，其实可以细分出许多不同的倾向。

虽然感受到的负面情绪也因人而异，但是有一点是共同的，那就是 HSP 人群会格外惧怕站在面前与自己交流的人。在交流时，即使表面上看起来游刃有余，但是内心却会不由自主地产生压迫感，无法避免地感到恐惧。

我认为，过度敏感者无法与人轻松交流的原因可以归结为三点（各点之间可能略有重合）。接下来，我将结合典型案例逐一进行说明。

① 长期扮演他人，没有自我主张

HSP 人群具有极强的同调性[1]。在下面的事例中，主人公就无意识地接纳了自己本来没有的性格特质。

S 是一名 18 岁的大学生。尽管生性内向，但是由于在儿时曾被父母称赞活泼开朗，于是在长达 10 多年的时间里一直无意识地伪装成外向活泼的性格。

在离开父母，重新与朋友、同学交往时，他才陡然察觉到一旦脱去伪装，他已经找不到真正的自我了。

敏感的人非常善于通过对方的动作、表情来解读对方的情感，这也导致了自己会不自觉地迎合对方，扮演成对方所希望的样子。

仿佛是在参加招聘考试一般，S 一直在思考符合“考官”预期的“标准答案”:“如果我这样说的话，对方应该会高兴

1 意指想法、语言、行为与他人保持一致的倾向。

吧。”“在这种情况下，这样的回答应该会被认可吧。”就这样，他一直察言观色，用自己认为的“标准答案”来与人交流。

虽然这样可以实现与人一时的交流，但是如果每次都不得不迎合对方看法的话，长此以往，任谁都会不堪重负。

更为严重的是，因为一直把对方的期望放在第一位，所以压抑自己真正的感受、不断进行自我欺骗就成了生活的常态。

为此，S 十分苦恼，他告诉我说：“在不得不发表自己意见的时候，我就什么都说不出来了。”

这就告诉我们，表面上如果一直扮演与真正的自己相违背的角色的话，当需要表达真正的看法时，便会感到内心空空、无话可说。

在不敢违背父母和老师的意见、潜意识地认为自己一定要当一个“好孩子”的人身上，也经常可以见到这种自我防卫反应。

② 想说的话太多，不知从何说起

不知你是否有这样的体验：在对方抛出某个话题时，你的脑海中不断浮现出各种各样的想法和意见，但是还不等你说出来，就转到另一个话题了。

你也许会想：任何人在说话的时候不都是经过思考的吗？但是实际上，在与人对话之前，那些在交流方面毫无障碍的人是不会毫无逻辑地空想和幻想的。

与之相反，过度敏感的人在组织语言的时候，头脑中会充斥大量的措辞和想法。

并且，这些想法与谈话对象的话语意图完全无关，全是自己单方面联想出来的。高敏感的人甚至会过度沉浸在自己的思绪中，直接忽略对方的存在。而就在这个过程中，周围的人已经结束了刚才的话题，进入到下一个讨论中去了。

而对于受过一些精神创伤的人来说，他们往往会因为对方的一句无心之语而回想起自己的惨痛经历，不断地回溯当时的场景与感受。在这期间，他们无法接收外部的信息，表面上看就像在走神一样，实际上，他们已经陷入了一种天马行空、无法认真思考的状态当中。

这时，在周围人的眼中，他们好像仅仅是在走神，但是实际上他们已经无可救药地迷失在自己的思绪中了。

③ 过于在意对方，从而无法表达

HSP 人群比较容易全盘接受对方的言语和感情。因为比常人更容易感受到不安与恐惧，所以他们经常会被别人的无心之语刺痛内心。

即使对方并没有伤害他们的意图，他们也会理解出负面含义，从而陷入沮丧的情绪中，有时甚至会因此卧床不起。

小 K 是一位刚进公司的新员工，他就是由于这种想法感到非常痛苦。他过于在意上司和前辈的看法，不停地思考自己是不是说了多余的话，是不是被人讨厌了，陷入了一种恶性循环中。他不去求证别人真实的看法，一直在独自苦恼着。

对于过于在意他人的人而言，他们往往有一种倾向，觉得唯独自己和他人不同，并且不认可自己的这种不同。小 K 一直在担心自己是公司里那个格格不入的人，极度害怕自己游离在集体之外。自己的措辞是不是不太妥当，自己的动作是不是不太自然，自己是不是眨眼过于频繁……由于过于担心这些对方根本不会注意到的细节，最终，自己反而真的变得不自然起来。

如果你曾经被人说过自己过于关注细枝末节，那么你有可能属于这个类型。

因为上述原因，HSP 人群会过于关注周围人的眼光，从而导致心力交瘁、精疲力竭。

在感到恐惧的时候，动物会用力蜷缩身体或者不断发抖。我们人类在恐惧与人交往的时候，也会因为压力反应而绷紧神经，这种反应模式是在试图保护自己，但当事人最终却会因此身心俱疲。

“为什么唯独自己是异类，连和关系好的人谈话都会感到疲惫呢？”如果你真的这样想了，请停止这种自我指责吧！

在接下来的生活中，如果能做到理解自己的特点和本性，掌握一定的说话技巧，渐渐地，你就可以以一种自然的姿态听取对方的话语了。

2

负面图式是阻碍沟通的关键

“自我的心理图式[1]”是受遗传和环境因素共同作用而形成的，我们所有人都会通过它来认知现实。“自我的心理图式”越强，我们对现实的认知会越扭曲，导致越来越难以捕捉到真正的世界。

当因与他人接触而感到不安和恐惧时，为了保护自己，过度敏感的人有时会借助心理图式来武装自己。

心理图式存在于我们的潜意识中，是受父母、老师的价值观、理念、社会常识以及遗传因素综合作用所形成的。在

1 图式是一种针对特定对象的认知结构。

认知心理学领域，它被称作“schema”。

如果我们拥有的图式是正面的话，那么即使面对突发的难题，我们也能积极乐观地看待：“无论遇到什么问题，我都能迎刃而解。”“遇到困难时，一定有人愿意帮助我。”这样一来，图式就成了推动我们向前的力量。

但是，如果我们所拥有的是因不安和恐惧而形成的负面图式，那么我们自然而然地就会以负面的角度去看世界。如此一来，我们所看到的就会是一个扭曲的世界，并且我们还会受到其强烈的负面影响。

过度敏感人群的负面图式	
1	“反正不会有好事” “即使努力了，也不会有好结果” “人生充满了不顺”
	这样想的结果会是什么呢?
	· 以否定的眼光看待事物，只看到事物不好的一面 · 失去积极性，并且打击周围人的积极性 · 看到乐观向上的人时，会觉得对方太过自以为是

2

“一旦生气的话，自己都不知道会做出什么事情来”

“哭泣的话会被别人当成弱者”

“感情外露是不好的”

这样想的结果会是什么呢？

· 无法对别人敞开胸怀

· 有时自己都不清楚自己的感情

· 没有活着的感觉

3

“不能偷懒，要拼命到底”

“无论什么时候，都必须全力以赴”

这样想的结果会是什么呢？

· 无休止的努力

· 总是在追逐着什么

· 对自己过于严苛，认为“必须如何”“应该如何”

4

“做不到的话，就该受到惩罚”

“犯了错的话必须受到惩罚”

“不能失败”

这样想的结果会是什么呢？

· 即使犯了一点小错，也会自责不已

· 故意折磨自己

· 无法原谅自己和他人

3

你是否有这样的负面图式

你是否已经在不知不觉中具有了以下这样负面的图式呢？

一旦内心存在负面的惯性思维，那么便会觉得所有的事物都朝着自己不期望的方向发生，常常会感到不安。

- 会被舍弃、被拒绝、不会被爱、会被朋友疏远
- 有缺陷、什么也做不好、没有能力、失败、做不到
- 如果不按要求做的话、如果没办法回报的话、如果不做到完美的话、如果不被人需要的话
- 跟预想的一样、跟期待的一样
- 不能感受、不能表现、不能承认

你是否对自己有这些超出常规的要求呢？

你是否有一些不容例外、不懂变通的原则呢？

缺乏弹性、极端的心理图式是否已经影响到你的行动了呢？

一旦事情不按照自己的预想和原则发展的话，你是否会感到惊慌呢？

你是否无法坦然接受所有事物不按照自己预想的方向发展呢？

你的心理图式是否变成了你对自己绝对的要求呢？

如果你现在具有这些心理图式的话，那也没关系。让我们一起慢慢消除吧！

4

让谈话瞬间变轻松的五个窍门

针对由于过度敏感而苦于和人交流这种情况，我总结了几个可供尝试的方法。通过这些方法，可减少人际交往所导致的烦恼，使人瞬间变得轻松。

由于都是一次掌握便终身适用的好方法，因此建议大家一一尝试。

① 不要否定自己的想法

HSP 人群往往从童年时期就有一种倾向，即比一般人更容易感到不安和恐惧，并且把对方的感受看得比自己的还要重要。即使自己有了什么所思所感，也不愿意向外界表达，总是把一切埋藏在心底。

而越是不吐露心声，就越会希望被人理解、被人认可，期望得到他人对自己的肯定。

程度严重时，会为了不被人讨厌而一直迎合别人，最终只能把真实的想法隐藏起来，导致自己痛苦不堪。

为了避免这样的情况出现，首先要做的是学会接受自己的所思所感，不要否定它们。具体来说，就是不要急着打消这些念头，接受自己内心真实的想法。

仅需要做到这一点，应用一段时间之后，不安感就会慢慢减少。

② 说出自己最初的想法

因为特别在意对方，所以只能察言观色，顺着对方的喜好来发言，类似这样的体验，你是否经历过呢？

HSP 人群特别善于察言观色，觉察周围的氛围。这导致他们相信自己的直觉，而忽略自己的内心感受。其实，自己的感受才是我们每个人必须考虑的，如果总是把自己放在第二位，把别人放在首位来考虑的话，说是自我虐待也不过分。

因此请做到“相信自己的直觉和直观”。

请努力尝试在不考虑周围环境和他人的前提下，说出自己脑海中最初浮现的想法。

直觉，就是自己“莫名这么觉得”“感觉应该是这样”；而直观，则是自己“就是这么认为”“认为就是它”，是一种不假思索的判断。对于只感知外界，不去探寻自己本身的人群来说，一时之间可能会难以体会到“直觉”和“直观”。这部分人最好还是先把手放在胸口或腹部，从把感受转向自己内心这一步开始。

你要明白，即使不按照对方希望的那样发言，也不会招致对方的失望和厌恶。

同时还要明白，如果对方没有符合自己的预期，也要心平气和地接纳。

如果能做到直白地表达自己的所思所想，那么就不会在每次与人交谈之后都精疲力竭了。

③ 多说一些附和的话语

说起善于沟通，很容易让人理解成“善于表达”。但是，如果要达到这一点，就必须具备与之相应的知识、技术和意愿，这是非常难的。

因此，我认为不如先学会倾听。因为这个方法一旦掌握的话，无论对谁都可以使用，并且无须考虑说话方式的问题。

请回想一下，在平日，你在什么情况下会感觉对方在倾听自己呢？

假如你在说话时，对方一直认真倾听，不插一句话，并且还时不时地点头附和，对你说“原来如此”“确实是这样”，你一定会很开心吧？

也就是说，善于倾听并不是指要对对方的发言评头论足，而是仅需要做到换位思考，给予对方肯定就可以。

但是，如果在对方讲话时打断对方，或者提出质疑的话反而会显得刻意，这时只需多说一些例如“原来如此”“这样啊”“天哪”“太厉害了！”这样的附和，对话就可以顺利进行下去了。

而当对方说起一些比较消极的话题时，你也无须加以点评，只要重复对方的观点就可以了。

也就是说，假如对方说“哎呀，太难了，我不想再继续了”，那么你就可以回答“哦，你现在觉得太难，不想再继续了啊。”

这样，对方便会觉得你对话题很感兴趣，就会顺着这个话题继续说下去。

这个办法适用于各种场景，如果你总是苦恼于谈话无法继续的话，请一定要试一试这个方法。

④ 提前模拟谈话的内容

在谈话时，性格敏感的人很难临场做出一些随机应变的反应。

因此，他们一般会觉得自己不擅长应对人数众多的场合或者无法预测谈话方向的酒会等场景。

如果你也是这样，一旦面对意料之外的提问大脑就一片空白的话，那么你可以试着提前预想一下“剧本”，模拟一下会话场景。

例如，自己今天将会遇到什么人？他会说些什么话题？

你可以先简单地设想一下，并且针对对方可能会提出的问题提前准备几个答案。

即使在实际谈话时，对方没有提出和你的设想完全一样的问题，但是只要有一定的相似之处，你就可以更加游刃有余地回答对方。

此外，为了应对和不熟悉的人交流的场合，你还可以提前准备一些类似询问住址这样的对所有人都适用的话题。

由于复杂的话题可能会使交流不畅，因此更建议采用一些便于回答的话题。

通过对同一话题的反复练习，可以逐渐提高自己的熟练度，最终形成一套属于自己的万能的“提问模板”。

⑤ 不要试图讨好所有人

想要不为和人交谈而烦恼，最好的办法就是“不要试图讨好所有人”。

这个世界上没有谁可以受到所有人的喜爱。

一个人，无论多么为人和善、品行高尚、完美无缺，总会有不喜欢他的人存在。

同理，一个人无论多么自己为是、招人讨厌，总会有愿意支持他的人存在。

有的人由于性格细腻、内向，并且不善言辞，所以从小便处在与周围过度同调的状态下，觉得自己必须乖乖听话，不然就会被人讨厌。结果，当他成年后，这种心理图式依旧会影响着他，让他依旧觉得只要按照自己的想法行事就会招致恶果。

其实，即使与他人不一样，只要有自己的特色，就可以以此为优势去发展自己。所以说，不要再去逞强了，有的时候偷一下懒也无伤大雅。

今后，请不要再为了讨别人的欢心而费尽周折了。就如同这世间永远存在失败与不公一样，金无足赤，人无完人，学会勇敢地展露自己的弱点吧，相信肯定会有感同身受的人来帮助你的。

话虽如此，但是也许你还是觉得突然改变行事准则是一件特别困难的事。但是，正因为习惯难以改变，所以如果你想要改变自己的心理图式，就必须坚持做一些不习惯的事情。半途而废的话，一定会故态复萌。

第一章

如何摆脱“心累”

第一章的要点

谈话之前就已经精疲力竭了……

- □ 谈话还未开始，便因为紧张和不安而非常痛苦
- □ 过于顾及对方的情绪，不敢说出自己想说的话
- □ 觉得自己的说话水平极低
- □ 总是不能让谈话继续下去

↓

即使有这样的苦恼，也无须担心

首先请浏览一下以下三个要点，

具体的对策将在本章中进行详细讲解。

要　点

1

会话技巧之类的根本不重要

你是否觉得自己比所有人都不善言辞?

在与人交流时,没有必要隐藏自己的弱点。在认清HSP人群的特点的前提下,提前掌握相关的知识、技巧,做好相关的心理准备的话,接下来无论面对任何人、任何场合,你都可以无障碍地与人交流了。

要点 2

不要再被别人的情绪牵着鼻子跑了

当身边的人焦躁不安时，你没有必要试图安慰他。因为 HSP 人群内心过于敏感，容易受到对方负面情绪的影响。但是，主动选择进入负面状态的人并不是你，因此一定要有强大的意念，不要被他人怀有的恶念所侵染。

要点

3

当确定谈话对象时，提前进行相关的准备

如果是之前有过交集的对象，那么就会知道怎样的内容更适合成为话题。这种情况下，可以提前准备好对方感兴趣的素材，这样临场时就不会感到困扰了。

1

敏锐的感受会导致反应过度

感受丰富、平易近人、右脑发达、感性思维较强是过度敏感人群的特点。

他们有时连一些日常交流都疲于应对，其原因就是他们的情绪共鸣特别强，连周围人无意识表现出来的情绪都会感受得到，所以常常会导致自身反应过度，大脑陷入混乱的状态。

人的右脑负责的是我们的潜意识，帮助我们处理抽象的事物，包括灵感、创造力、预知未来、心灵的安宁、同理心、情绪、直感、感性、艺术等与“爱与和谐”相关的内容。

由于过度敏感人群动用的是自己各种各样的感官，所以会反应过度，大脑超负荷运转，最后导致自己连“单纯的聆听都会感觉疲惫”“稍微说一点话就心力交瘁”。

为了避免因大脑受到过度刺激而陷入疲劳、精神恍惚的状态，HSP 人群必须学会熟练应用一些避免刺激、消除疲劳的方法。

2

过度同调会导致界限不清

“即使是和公司同事或者学校同学这样关系亲近的人交流，也会因为过于察言观色而感到疲惫。”

“太在意对方的感受和反应了，以至于连想说的话都说不出来。”

相信阅读此书的读者中，一定有不少人都有上述烦恼。

其实，无论是过于迎合对方，还是过于察言观色，全都是由于大脑“过度同调”的缘故。在为过度同调而苦恼的 HSP 人群中，有的人会有这样的体验：“对方的情感和感觉总是很轻易就能感染到自己”或者“不经意间，自己就陷入对方的思维当中”。

在过去，不会察言观色的人会被冠以“KY”[1]的称号，那么，我们或许可以把与之相反的过于察言观色的人称作“逆KY”。

压抑自己的主张，保持低调，配合周围的做法一直被认为是日本人的美德。但是，如果过于压抑自我，发言时过于考虑对方的话，最终则会导致自己和他人的界限不清、迷失自我。

有时，这可能会让别人感到不满，让对方觉得你不愿意分享自己的看法，甚至可能会招致别人的轻视，觉得你是在刻意讨好别人。

过度压抑自己的内心，很容易导致与人出现隔阂，且容易使大脑变得疲劳。因此，请尽量尝试表达自己真正的想法。

1 来源于日语的“空気が読めない”（发音 kuuki ga yomenai，直译为“不会读取气氛”），K是“空気”的第一个字母，Y是“読め”的第一个字母，意思是没眼力见、不会按照当时的气氛和对方的脸色做出合适的反应。

3

压力过大可能会导致解离

内心特别敏感的人常常会陷入一种叫作“解离”的状态中。

正常情况下，人们都会具有“自己现在身处何地”“自己的身体属于自己”等感觉，但是当发生解离时，这些感觉就会变弱，同时会觉得意识与身体分离，现实感变弱，觉得身体中还有其他人格存在。有的人还发现自己会丧失这段时期的记忆。

从因遭受打击而发生的正常性的解离反应，到因严重或长期的心理创伤所导致的人格分裂，解离的症状表现可以说是非常之多。

你是否曾经因考试落榜或者失恋等原因而无法集中精力做事呢？其实，这种解离是我们的心理防卫机制的体现，是很正常的，因此无须担心。

但是，对于某一些解离，我们则必须要提高警惕。这些解离一般是因为巨大的压力或者打击导致的，其表现包括多重人格、其他人格附体、失去发作时的记忆等。

为了克服痛苦的经历，人会产生解离、压抑等心理防卫反应，导致正常的心理机能被屏蔽。当察觉到自己有相关的症状时，请了解相关的心理机制，并咨询心理专家，针对心理创伤进行相关治疗。

4

未治愈的创伤会导致情绪郁结

HSP 人群由于内心比较敏感，所以很多人的成长都伴随着难以愈合的心理创伤。当承受的压力过大时，身体会随之变得僵硬、乏力。由于无法宣泄当时内心的情感，导致无法完成压力反应，最后会导致长期的心理创伤记忆的形成。

儿时由于遭受父母或者周围大人的虐待、轻视，或者被同龄人欺凌、辱骂而形成的心理创伤，即使成年后，仍可能存在潜意识中。

对于部分在成长过程中遭受过上述心理创伤的人来说，只要谈及与该创伤有关的话题，他们内心的开关就会被打开，创伤记忆会被突然唤醒。他们会再一次重复当年的体验，导致自己陷入恐慌或者解离的状态。

由心理创伤所导致的内心失控，其原因并非自己不够强大。要认识到，这是成长过程中的发展性创伤障碍所导致的严重而慢性的心理问题。因此，请不要责备、看低，或者无视、否定自己。

心理创伤是可以被治愈的。只要找到合适的专家，同时自己也去努力学习一些应对心理创伤的知识、技巧，那么就可以逐渐恢复健康。

5

学会认清自他界限，停止揽责

无法认清自己与他人的界限是过度敏感人群的一个特点。

对于过度敏感的人而言，自己和他人的界限是非常模糊的。这会导致即使对方一言不发，自己也能清楚地知道对方的想法，或者当和惴惴不安、心情低落的人一起时，会受到这些负面情绪的感染等。他们同理心强，同调能力高，反之，也会单方面地接收对方的感情、感觉。过度同调，会导致自我认同混乱。

因此，HSP 人群如果想要在重视自己的感情、感觉的同时，保持与他人的界限，树立自我认同感的话，一定要进行“课题分离”。

“课题分离”这个概念是阿德勒心理学的核心内容，在《被讨厌的勇气》一书中，他也屡次介绍了这个概念。它的主要内容就是要分清自己、他人以及双方共有的课题。

关键就在于要做到不干涉他人课题，不让别人干涉自己的课题，探求双方的共有课题。举个例子，即使公司的前辈心情不好，那也不属于你该处理的范畴，而是那位前辈该处理的课题。

你无须主动帮他解决问题，更不能成为他的出气筒。因为这样做有可能抢走对方解决其自身课题的机会。这与当别人特别着急要上厕所时，你可以告诉他厕所在哪里，但是你却不能替他上厕所是一个道理。

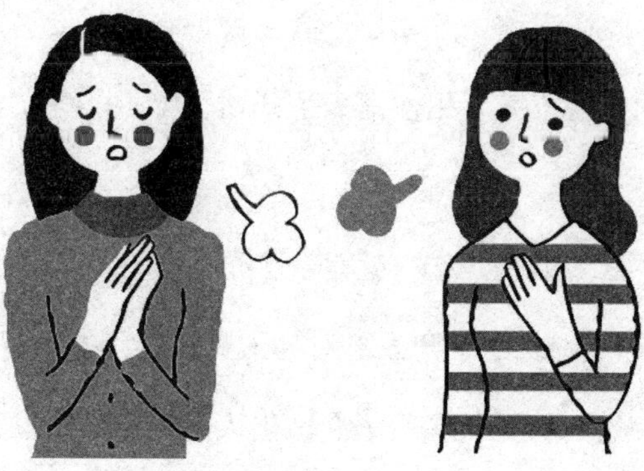

6

学会识别大脑机制，停止比较

尽管性格敏感的人会接收很多别人的情绪和感受，但是他们却不善于将这些用言语传递出去。

这是由于他们的右脑机能比较发达，而左脑机能相对欠发达的缘故。也就是说，他们情绪脑要强于理性脑。

因此，不要认为自己不善于说话，而是要客观地认识到自己的大脑不善于用言语表达感情、感觉的事实。

尽管大脑的工作方式是一个很大的原因，但是还有很多其他因素会导致 HSP 人群对与人交流感到抵触。例如：交谈时，大脑会基于某些言语而做出大量无意义的联想；因为言语匮乏，所以必须不停地思考自己该怎么说话；过于在意对方对自己话语的看法；无法适应对方的语调和谈话的氛围；脑海中不断闪回过去的情形等。

与那些在谈话中能言善辩、善于调动气氛的人相比，自己却在和人单独交流时都困难重重……虽然这很令人沮丧，但是，你无须为此自责。会出现这种情况，是因为你的大脑和他们完全不同的缘故。

因此，与其要求自己善于说话，不如先理解自己的大脑的性质，然后向对方说明自己的情况，询问对方是否能配合自己的节奏来进行交流。如果对方做不到的话，那么就需要切换自己大脑的工作模式（左脑 / 理性模式）或者找个合适的理由退出这场谈话。

尝试向对方说明自己的说话方式吧。

7

学会安抚自身情绪，防止陷入混乱

由于对方问了一个自己没有准备的问题，或者因为人多、场合比较喧闹等原因而陷入了不安的情绪……像这样，思考的负担大于大脑的处理能力，并且由于大脑过于活跃的缘故，无法流畅表达的时候，应该如何去做呢？

首先，要承认“大脑陷入了混乱的状态”。接下来要做的，不是勉强自己继续坚持，而是要让大脑冷静下来。

既然大脑已经超负荷运转了，那么如果还要继续增加处理的工作量的话，无疑是雪上加霜。大脑过于活跃，反而会不利于大脑机能的发挥。

当无法判定自己是否陷入混乱状态时，首先请尝试一下下面介绍的能让心情平定下来的方法。

首先，让自己冷静下来，接着不断地对自己说一些“咒语”。

例如：没事的、辛苦了、你已经很努力了、谢谢。

通过不断地向自己抛出这些理解自己、体谅自己的话语，可以让自己感到安心。因此，当大脑尚未从兴奋中冷静下来时，一边触碰自己的身体，一边不断地将上述“护身咒”传递给自己的情绪脑。

首先要做的是让陷入混乱的大脑冷静下来。而为了让自己的理性脑冷静下来，则需要让左右脑交互运作，强化左右脑之间的联系，让大脑正常工作。这方面，有不少简单的方法，但最重要的是要勇于尝试。

要点是此时要避免使用一些鼓励自己的、煽动性的言语，例如“加油”等。你已经因为努力而感到疲惫不堪了，如果再给自己施以鼓动性的言语的话，只会加深大脑的混乱程度。

认可自己的话语，可以保护自己的情绪脑。

8

学会保持清晰认知，防止过度解读

性格敏感的人即便不与对方直接对话，也可以根据对方的氛围和声音的质感来得到一定程度上的直观信息。

除了能察觉到对方的情绪、身体状况之外，有的人甚至能意识到更为具体的细节。例如：对方貌似遭受了某种打击；对方正在为家庭方面的事情烦恼等等。

因此，过度敏感的人很容易以这些直观信息为基础，对对方的心理进行单方面的读取。

对于非高敏感人群来说，像这样过度读取他人的行为是难以想象的，但是对于 HSP 人群来说，由于他们从小就是如此，因此他们认为别人也和自己一样能感知他人的内心。

正因为如此，当自己的感知无法第一时间传达给对方时，他们会觉得别人不理解自己。

正因为他们觉得自己能够轻松地感知到他人的心理活动，因此会为对方不愿意理解自己而感到悲伤。

明明自己只能将自己的部分感受用语言表述出来，但却期望对方能够完全了解自己，这无疑是一种一厢情愿的想法。

对于不敏感，甚至可以说是比较迟钝的人来说，他们不具备轻易感知他人情绪的能力。

因此，如果不考虑对方的能力，不用 5W1H[1] 的方法完整、易懂地进行表述的话，那么对方理解不了也是理所当然的。

不要因为自己的想法无法传达给对方而决定放弃，要站在听话人的立场上，向他确认自己“感受到的信息”，这是避免过度解读的诀窍。

向对方询问，确认自己“感受到的信息”。

1 5W1H 分析法是一种思考方法，即对选定的项目、工序或操作，都要从原因（why）、对象（what）、地点（where）、时间（when）、人员（who）、方法（how）等六个方面提出问题进行思考。

9

学会宽恕自己，停止自责

心屋仁之助在唯一的演讲集《人生大逆转》中曾经提到“跳跃型人”与“非跳跃型人”的概念。所谓的“跳跃型人”就是指思维特别跳跃的人，据说世界上有近一半的人都属于此类型。这类人的脑海中总是充斥着大量的质询和疑问，时时刻刻都在思考，一旦关注起什么便留意不到身边的情况。我觉得在“跳跃型人”中，恐怕很多人都属于 HSP 人群、神经发育障碍人群，或者是有发展性创伤障碍的人。

相信本书的读者中，一定不乏有人曾经因为不善言辞而遭受欺凌，丧失自信。常常反问自己“为什么只有自己不会说话呢？”，并为此感到苦恼。

对于这样的读者朋友，我想告诉大家的一点是，认为自己不善言辞的人其实很多。如果去书店看一看的话，你会发现关于说话技巧的书籍往往堆积成山。

但是这些书往往都是针对“非跳跃型人”而写的，并不适用于“跳跃型人”。“跳跃型人”的问题在于无法整理自己纷繁的思绪，并且在双方交谈的过程中，比起对方所说的事情，他们更加关注自己的想法。因此，如果想要获取对方的理解和认同，那么就一定要把注意力投向对方，并且用对方可以理解的语言来进行交流。孤立无援，认为问题只存在于自己身上的时候，确实会让人感到十分痛苦，但是如果能够意识到还有许多人面临着和自己一样的苦恼，那么想必多少可以减轻一些内心的负担。当意识到周围有很多“同类”的时候，自己也会鼓起干劲，这是非常神奇的。

每个人或许都有自己不善交谈的理由，但是如果能弄清楚这些理由，并且在交谈时把自己的情况提前告诉对方，也许对方也会把自己的相同经历告诉你，并且能更加认真地听你发言。

为不会说话而苦恼的，并不仅仅是你一个人。

10

学会倾听对方，停止喋喋不休

由于 HSP 人群中大部分人都属于踏实认真、责任感强，并且讲究礼貌的类型，因此在与他人沟通时，他们一般会对自己要求较高，认为自己必须要比常人更善于表达。

然而，在谈话过程中，一旦对方的情绪、脸色发生变化，HSP 人群的情绪和自主神经也会很敏感地做出反应。在神经变得紧张的同时，他们的思维也会变得混乱，并且会额外顾虑很多，例如“刚刚说的是不是有点难懂啊”“或许再加一点解释会更好一点”等等，最终导致谈话无法顺利进行。

当自己真心想要表达什么的时候，不妨先离开片刻，放松一下自己的神经，在与自己的内心对话的同时，整理好自己想要表达的内容。

之所以这样建议，是因为当神经紧张、考虑过多的时候，人们便会以一种想要被对方理解的心态，不停地说一些未经过整理的内容。尽管这样做展示了自己拼命想要传达想法的态度，但是从听话者的角度来看，这种做法仿佛就是对别人说“全听我的”，给人一种自以为是的感觉。

在这种情况下，如果连一句“请让我再说一会儿”这样的招呼都不打，继续喋喋不休的话，会进一步加强这种负面观感。

如果对方已经误解了自己，并且自己也没有把真正的想法传达给对方，那么接下来就请你耐心地听完对方的发言，同时认真听取对方的见解。

这样做的话，对方也会想要去了解你的想法，进入听话者的角色中，这时你便可以传达之前未能表达的内容了。

到了这个阶段，即便没有过多的阐述，对方也会认真地倾听，想要去了解你的想法。

当自己倾听对方的想法之后，
对方也会愿意反过来倾听自己。

11

学会寻找对方的优点，缓解紧张气氛

当面对一个自己觉得棘手的谈话对象时，你会是一种怎样的状态呢？你也许会面部、身体僵硬，心跳加快，冒冷汗，甚至会感觉身体不适。如果你非常敏感的话，你甚至可能会觉得皮肤有刺痛感。

那么反过来，当面对一个你非常乐意与之见面的人时，你又会是一种怎样的状态呢？

你肯定会自然地展露笑颜，不自觉地放松身体，心情变得很愉快，身体的感觉也很舒适。“如果时光能停留在这一刻就好了。”你甚至会这样想。

之所以会产生这样的差异，是因为两种谈话对象所具有的“气场”是不同的。气场是生命的能量，如果一个人的气场非常充沛，那么他就会给周围人带来活力；而如果一个人的气场不足，那么他就会吸取周围人的活力。

根据阿德勒心理学的相关理论，想要被人承认的这种“认可欲求”正是你判断某人是否很难相处的原因。

对于人来说，意识是认识的前提。正因为如此，所以一旦你开始觉得某人的某些地方很难接受之后，就会一直放大其身上一些不合自己心意的地方。

明明这个人在其他方面有很多优点，但是你只能看到自己在意的那一部分。

因此，如果你想要减少难相处对象的数量的话，就请你忽视对方的不合心意的地方，把注意力转向寻找对方的优点上。例如，第一印象让你觉得对方好像很难接近，但是只要你努力去寻找对方身上的可爱之处，你就会觉得“虽然外表看上去让人害怕，但其实是个还不错的人”，对对方的印象就可以发生转变。假如对方是一个你已经认识并且觉得很难相处的人，就请你今后努力寻找其身上的优点，慢慢地列举出来。找到两三个优点之后，你将会发现自己对对方的印象也将逐渐改观。

比起渴望获得对方的认同，
不如先努力寻找对方身上的优点。

12

学会给予对方肯定，营造舒适氛围

有心理实验证明，当人们用嘴咬着筷子时，所感受到的搞笑节目的幽默程度也会随之增加。这是由于嘴角上扬时，大脑便会做出判断，认为个体是在愉快地微笑的缘故。

此外，还有另一个心理实验，让实验者面对一个不会对自己的话有任何反馈的对象，不断地讲述自己的爱好。

实验开始之后，面对这样一个对自己的谈话毫无反应并且没有表情的人，大部分的实验者在说了几分钟的喜好话题之后，就会逐渐变得语无伦次起来。

这两个实验告诉我们，在和他人对话的过程中，如果一方一直对另一方的话有反馈，并且致以微笑，那么说话者就会感到受到了别人的认可，觉得自己可以继续说下去。

因此，如果你觉得自己无法在谈话中做出合适的反应的话，那么我建议你采取微笑倾听的方式来表达自己对对方的肯定。

善于倾听以及善于活跃气氛的人在附和对方这一方面也十分擅长。最基本的做法就是边配合对方发言的节奏边颔首。通过这样做，可以使双方的谈话节奏变得一致，产生一种同调效应。

具体来说的话，就是不对对方的谈话做任何评价，只需回答“对”“是这样”“我明白了”，完全接受对方的观点。

由于性格敏感的人会较常人更容易受到谈话对象的情绪、言语等方面的影响，因此进行一些相互尊重的谈话有利于双方保持良好的情绪。

把“开心”“快乐”“太好了”“学到了”等词挂在嘴边，自己的情绪就会变得积极乐观，紧张感也会消失，彼此就可以自然地展露笑颜。

笑容可以帮助我们营造舒适的谈话环境。

13

学会寻找共同点，让谈话顺利进行

对于因过度敏感而苦于和人交谈的人来说，他们的烦恼之一便是对长时间的交谈感到痛苦。

特别是和自己不熟悉的人在一起亲切地闲聊，一起说他人的闲话，或者诉说自己过去的时候，他们会格外烦恼。因此，一旦这种对话持续时间过长，他们便无法应对，进而导致话题无法推进。

尽力避开上述类型的话题是最轻松的解决办法，但是如果必须就相关话题进行交流的时候，通过“寻找双方共同点”这一做法可以帮助自己更容易地找到话题的切入点。比如说双方可能都会感兴趣的有关近期天气的话题，或者时下大热的新闻等话题。

在双方互换名片的时候，询问对方公司的地址和路线，或者就对方的住址、周末计划等做出提问也是不错的做法。

“说起××车站啊，我上学的时候还在那附近住过呢！”“我也喜欢读书，最近有什么好书推荐吗？”……当提出类似这样的话题时，我想对方一定会很乐意做出回答。

人们通常会更容易对和自己相似的人抱有好感，心理学的相关实验也证明了这一点。

如果你很不擅长和初次见面的人说话，我建议你可以找能为谈话助力的人，比如找自己熟悉的人陪同；或者是在谈话中“寻找双方的共同点”。

谈话双方对于彼此的了解程度越高，双方的共同点越多，就越容易产生同伴意识。随着自己对对方的判断从“素昧平生的陌生人”转变成“趣味相投的好伙伴”，与对方谈话时的紧张感也就陡然减轻了。

初次见面时，
通过寻找双方的共同点可以拉近与对方的距离。

14

学会适当拒绝，不做老好人

HSP 人群属于内心极其敏感，非常温柔，很治愈的一类人。

即使是和关系不好的人谈话，他们也会很快地感知到对方低落的情绪。甚至经常会由于过度地感知对方，而导致自己的情绪也变得糟糕起来。

能设身处地地为他人着想是 HSP 人群的一个极大的优点。但是正因为他们是“好人”“温柔的人”“治愈系的人”，所以他们很容易成为吸取周围人活力的“能量吸血鬼”的目标。

比如说，当关系亲近的人拜托自己事情的时候，在实在脱不开身的情况下，一般人会选择向对方解释情况并且拒绝对方。

但是HSP人群则会觉得“如果拒绝的话对方可能会很困扰”“不想给对方留下不好的印象”，因此即使非常勉强，也会以对方为先，接受对方的请求。

但是这样做的结果就是给对方留下一个不会反驳的老好人的印象，导致对方无休止地依赖依附于你，破坏了“自我”的界限。

即使你穷于应对，对方也会推卸责任，觉得你的帮助是心甘情愿的，并不会对你表示感谢。最终，当因勉强自己所导致的积压已久的情绪终于爆发出来时，你就不可避免地陷入自己那充满愤怒、悲伤的情绪旋涡中去了。

为了避免积蓄过多的负面情绪，必须尽早找一个独处的场合，畅快地把这些负面情绪发泄出来。“讨厌！为什么自己是个不会拒绝别人的老好人啊！但是今后我再也不会勉强自己了！”像这样，把自己的心声全部大声吼出来吧。今后，如果再面对恶意和强求，直接拒绝对方的要求吧。

如果因拒绝对方而受刁难的话，可以找一个信得过的“代言人”来做协调，让对方来帮助自己。在与人交往过程中，比起在意对方的感受，请先保护好自己。

在谈话过程中，
没有必要时时刻刻都做个“老好人”。

15

学会调整身心状态，与人沉着交往

对于 HSP 人群来说，单纯地过好日常生活就已经很有难度了，因此他们通常都是处在一种十分疲倦的状态里，以至于他们已经把疲劳的状态当作了一种理所应当的事情。此外，由于他们总是只顾着寻求外部的信息而忽略了身体和内心的感觉，因此他们很难对自己的疲惫有所察觉。

有的人甚至因为过度关注身边的人，直到累得病倒才察觉到自身的疲惫。在这方面，那些把“没关系”“努力”挂在嘴边的人，一定要提高警惕。反省一下，你是否正在掩饰自己的疲惫，一个人扛着所有压力呢？

“我总是直到身体出了问题才察觉到疲惫。”如果你也是这样类型的人的话，请一定要定期休息，哪怕自己还没有感到疲劳。

由于不擅长和人说话所导致的身体的紧张同样也会消耗精神和体力。在结束了一天的劳累之后，一定要有一个属于自己的放松时间，来舒缓自己疲惫的身体。

哪怕只有交感神经过于兴奋，也会导致背部和肩部不自觉发力，同时使情绪变得焦虑。因此，神经紧绷其实会导致很大的问题。

即便是别人随口一说的话语，HSP 人群也很容易为此较真，并且影响到自己的心情。因此，对于对方漫不经心的话语，一定不要放在心上。敏感人群必须要注重自我，以自我为先，并以这样一种认知去经常性地调整自己的身体状态。

面对压力，有的人通过独处来恢复精神和体力，有的人则更喜欢大睡一觉，有的人选择和理解自己的朋友度过愉快的一天……

放松身心的方式因人而异。请用适合自己的方法，给自己由于过度拼命而疲惫不堪的身心放个假吧。

> 防止心理产生混乱的最有效的办法，
> 就是采取适合自己的休养方式。

第二章

如何告别“担心说错话”

第二章的要点

担心自己是否说错了话……

- □ 担心自己的话可能会与一般的认知不符
- □ 非常抵触说出和之前的发言相矛盾的话
- □ 一旦和他人的沟通无法顺利进行时，大脑便会突然变得一片空白
- □ 面对别人的愤怒时，不知道该说什么

↓

发言没有正确和不正确之分

日常交流不同于面试，没有人会对你的发言进行打分。

要点

1

现在的行动与过去的言语不一致也没关系

人类是不断学习、不断变化的生物。然而，由于具有高敏感特质的人的性格过于认真，所以他们可能会因为有些做法会违背自己之前的言语而停止行动。在这方面，我建议他们对自己宽容一些，因为每个人都有根据自己当时的心境而发声的自由。

要点

2

当因为双方意见不一致而陷入恐慌时，首先要保持沉默

双方意见不一致时，如果急于把话题继续下去，会适得其反。在这种情况下，不强求话题继续下去其实才更有利于交流顺利进行。别人其实并不会像自己想象的那样在意这段沉默的时间。因此，我认为此时最好是在短暂的沉默之后，重新开启一个新的话题。

要　点

3

不要在意谈话时别人对自己的“评价”

“周围的人是不是感觉我很好笑啊？”“为什么对方看起来好像很不耐烦的样子？”有时，你可能会有这样的担心。其实，事实常常并非如此。但是如果你真的这么想了，我这里有几个可以帮助你摆脱这种思维的方法。

1

前后说法不一致没有关系，看法总是在改变

人们可以通过学习新知识而不断地获得成长。昨天为止还没接触过的东西，今天突然学会、理解了，并且导致自己改变了一直以来的想法，这是很正常的情况。

内心敏感的人的主观性比较强，客观性比较弱，同时，他们还对外界比较敏感，对自己的内心比较迟钝，因此，他们的自我信任感或者说自我肯定感比较弱。因为这些特质的缘故，在发表看法的时候他们很容易去考虑自己的回答是否正确，或者自己的回答是否与本意相矛盾，常常思考“这样说的话对方会怎么想呢”“这样说是不是有违本心啊”等问题。这说明，如果一个人的界限感模糊或者自我意识较弱的话，那么他无论如何总会被一些道理或者思维所束缚。

“无论怎样，自己永远都是自己。”如果具备了这样的自我肯定意识的话，当自己或者他人根据所处心境的变化而改变想法的时候，就不会觉得有什么不对了。

HSP 人群是以一种缺乏自信的“好孩子”的身份成长起来的。他们的“应该这样做”“事情非黑即白”的思维很强烈，并且很难做到根据所处心境来改变自己的言论。因此他们总是不自觉地认为自己“必须要说和之前一致的话语，因为一旦自相矛盾就会被人讨厌”。但是事实上，即使你的看法改变了，那些非 HSP 人群的人也不会有所察觉。

对于那些性格敏感纤细，并且责任感过强，总是觉得必须为自己的话负责的人来说，他们其实很渴望自己能够畅所欲言。

所谓“自由”，其实就是“被人讨厌”。当情况、立场、心境发生变化时，对事物的看法也会有所改变。而正是这种不断的改变，才会成就自我。

发言时无须在意他人的评价。

2

不善言谈没有关系，别人不会因此讨厌你

如果你对和人说话感到痛苦的话，请思考一下，对方对自己的评价是否比谈话本身更令你感到恐惧？

之所以会出现这种情况，是因为你受到了自己情绪的影响，导致你不想给对方留下不好的印象，不想让对方觉得自己没用，也不想被对方讨厌。

在那种情况下，由于过于害怕谈话失败或者受到对方言语上的攻击，自己的情绪会变得紧张，身体会不自觉地绷紧，大脑一片空白，呼吸也会变得急促。随着不安的加剧，周遭的一切风吹草动都会激起自己的警惕。

这种状态就是我们所说的应激反应，这种反应和野生动物遇见危险时所表现出的状态很类似。比方说，当热带草原上的斑马察觉到周围有狮子出没时，也会有一样的反应。

也就是说，当为谈话感到十分痛苦的时候，会敌视除了自己以外的任何人。

面对会产生应激反应的场景，野生动物会做出“搏斗”“逃跑”或者“呆滞”这三种反应，但是我们人类还可以有额外的一个选择，那就是“友好交往”。

“谈话总是失败，对方肯定已经讨厌我了。”你是否会这样想呢？其实，这样的担忧是完全没有必要的，因为对方不具有像你一样的敏感的感知能力和较低的自我肯定感。

与视野狭小、总是执着于一个问题不放的敏感者相反，非敏感者的视野更为广阔，并且他们不会抓住某一点不放。因此，他们也并不会把别人的失败次数之类的事情放在心上。

因此，请鼓起勇气畅所欲言吧，无论失败多少次也不要气馁。随着一次次认识到自己的失败，你对失败的恐惧也会逐渐减轻。

没有人会在意你的失败。

3

临场失误没有关系，态度诚恳就能化解

“我不小心踩到了对方的雷区，对方生气了！”

“我没能彻底地解释清楚，导致对方根本没弄懂我到底想表达什么。”

一旦谈话过程中发生了上述的问题，有 HSP 倾向的人便会陷入头脑一片空白、思维停滞的状态中。

原本话题进行得很顺利，但是自己却突然无法做出任何反应，一句话也不说地僵在那里，对方看了一定会吓一跳。其实，这种“冻结反应”也是应激反应的一种。

冻结反应发生的原因因人而异。有时一些日常的话语也会导致冻结反应的发生，让对方不明就里。

如果有踩过别人雷区导致谈话失败的经历，或者是曾经无意识地陷入冻结状态中，让他人产生困扰的话，你也许会担心自己重蹈覆辙。

一份不安会导致产生不安的连锁反应。要消除不安，必须要重新审视过去的经历，找到导致不安的根源，要将其当作是“没办法的事”“理所应当的事”来接受。

谁都有过不小心踩到别人雷区的经历。只要不是故意的，诚挚地道歉之后，相信你一定会获得对方的谅解。

要平和地接受那些不顺心的经历，早日将其消化掉。这个建议对于所有人都适用，但是对于不善言辞的人来说尤为重要。

即使谈话失败了，也不要耿耿于怀，
坦然地将那段经历抛在脑后。

4

对待嘲讽，学会利用沉默

世界上存在这么一种人，我觉得可以用“刻薄”这个词来形容他们。因为当看到别人失误或者失败时，他们就会格外开心。

假如你遇到了这种人，你会怎么去应付他们呢？

如果别人是为了你好才批评和指导你的话，你当然要诚恳地为自己的失败道歉。但如果对方是基于想要伤害你的目的，故意对你口出恶言，这时你又该怎么做呢？

其实，对于对方落井下石的挑衅行为，最有效的应对方法既不是反驳他，也不是与之对抗，而是选择“沉默”。

这并不是说要你默默承受对方的恶言恶语，而是说要故意无视对方。面对这样故意激起你的厌恶的人，你根本无须对他的挑衅做出反应，因为对方的目的就是想要看到你苦恼的样子。既然如此，对于对方的冷言冷语，你完全可以装作听不见。

即使对方一遍又一遍地重复同样的内容，你也无须把他放进眼里。

最重要的就是不要露出吃惊或者忐忑的表情。如果实在不知道怎么反驳对方，也不必勉强，假装听不见，泰然处之即可。

假如你表现出了困扰，对方便会认为你是一个“懦弱且不会还嘴的人”，从而看低你。所以说此时一定要发挥你的演技，装作毫不动摇的样子。

当看到你不为所动时，对方就会认识到自己的做法是行不通的。

化不善言辞的特点为优势，保持沉默，也是对抗挑衅的一种方法。

无法即时找到合适话语的“特性”，
有时也会变成保护自己的方法。

5

对待批评，先承认他人意见

“你的 ×× 做错了吧？”

“我已经说过很多次了吧，为什么还是不按我说的做呢？”

他人不分青红皂白的批评对于内心细腻的 HSP 人群来说是很难应对的。

由于 HSP 人群很不擅长客观地看待问题，所以即使对方的意见是错误的、荒唐的，他们有时也会当真，并且还会很自卑地觉得“都是自己不对，被骂也是应该的”，从而陷入沮丧的情绪中。

“太把对方的话语放在心上”这一点是高敏感人群的一个共同的烦恼。同时，由于他们性格温和、不会反驳、气势较弱的缘故，他们还经常会成为某些人的迁怒对象。

如果任凭对方打压的话，对方可能会把你视作一个可供他心情不好时发泄情绪的存在，把你当成一个缓解压力的“沙包”。

其实，即便你真的犯错了，这也并不是对方把错误本身和你这个人等同起来、对你施以不当的攻击和否定的理由。

要躲过对方的否定和刁难，首先要暂时对对方的意见表示赞同，对对方说“你说得对”“确实如此”。然后，不要以“但是”“无论怎么说”等表达作为开头来解释自己的观点，而是反击对方，对对方说“我这么想，然后就这么做了”或者“这样做不行的话，那你觉得该怎么做才更好呢”。

当对方一旦认为自己的意见被接受之后，情绪就会冷静下来。这样一来，既给了对方台阶下，自己也保住了面子，双方的地位就得以平等了。

正因为HSP人群恐惧感强，容易成为攻击的对象，所以特别建议大家尝试“先接受对方的否定，再说明自己意见”的方法。

通过直面他人的批评来铸就保护自己的盾牌。

6

对待欺负，要摆脱受气包的角色

由于 HSP 人群气场比较弱，即使受了批评也不敢反驳，所以他们在职场中常常扮演着受人批评的“受气包”的角色。

即便有时并不是具体的个人错误，而是集体共同的责任，但是为了起到杀一儆百的效果，HSP 人群往往是最容易被领导针对的对象。

假如自己受一次批评可以使同事们安心继续工作的话，那也勉强可以接受。但是如果这种被批评的角色一直落在自己头上的话，那么就会对身心产生莫大的危害。

第一次遇到这样的情况时，只要想到“自己是为了大家才受气的”，那么心情就不会那么郁闷。

但是如果同样的事情总是发生在自己身上，那么就会陷入抑郁的情绪中，在受到批评之后，无论怎么调整也无法恢复原来的状态。

这种情绪状态就是所谓的“习得性无助”。

并不是自己一个人的错误，但由于不断受到批评，于是便会觉得“再怎么调整情绪也没有用，早晚都会被批评”“也许真的是自己的错误”，导致渐渐失去了重新振作起来的勇气。

HSP 人群常常会莫名其妙地被人冠以“受气包”的角色。因此，在一蹶不振的状况发生之前，一定要学会自救。

仔细思考一下，你真的就应该承受那样严酷的批评吗？

想要自救，最重要的一点就是要认清事实。

再思考一下，你所经历的事情是否属于欺凌、挑衅、职权骚扰、性骚扰、道德骚扰的范畴？在陷入习得性无助的状态之前，去找理解 HSP 人群的朋友或者上司，向他们倾吐心声，寻求一下他们的帮助吧。

请立即放弃“也许是自己的错”这种想法。

7

对待争论，别被对方情绪影响

敏感的人很不擅长和人争吵。即便仅仅是言语层面的争吵也会导致他们过度紧张，出现眼前发黑、呼吸加速等症状。

由于 HSP 人群内心比较细腻，所以一旦感受到别人的愤怒，他们就会深受打击，觉得自己被人彻底否定了。

遇到别人否定你时，为了保护自己的内心，你可以装糊涂，这样回复对方："虽然你这么说，但我还是不懂。""我根本不知道。""那是我吗？你没认错人？"这样一来，对方愤怒的情绪和针对你的样子就不会对你产生影响了。

要学会面对并分析对方的攻击性和批判性的言论。试着分辨一下，对方针对的是自己的工作，还是自己做过的事，还是自己的人格。

可以被批判的不是你这个“人”，而是你做过的“事”。

对于对方充满愤怒的话语，你或许很容易只在意否定自己人格的那一部分，请一定要克服这一点，冷静地去倾听有关事实的那一部分。

表达感情并不是什么坏事，但是一旦发生口角，这就很容易引起情绪的爆发，给接受方造成伤害。

如果自己已经很害怕了，无法对对方的感情加以认知，那么也没有必要勉强自己去配合对方。无法无视对方的时候，坦率地把自己焦躁的情绪表现给对方看，这其实也是一种手段。

这和人们常说的“不打不相识”是一个道理。在争吵的时候，人们往往可以吐露真言，借此可以加深彼此之间的了解，拉近双方的距离。

好好区分“事”和“人”。

8

对待诋毁，及时划清界限

HSP 人群可能很难理解并且接受与自己截然相反的人的存在。但是在世界上，这种人其实和 HSP 人群的数量一样多。即使和这种人产生争吵，被对方暗地里诋毁，被对方抱怨，导致这一切的原因可能也并不在你。有时，你根本无须在意对方说了什么。

完全不考虑他人的情况，想到什么就说什么的那种人往往是不会斟酌自己的话语的。对于他们来说，把自己的感受完完全全地传递给对方是理所应当的事情，因此他们说话时并不会顾及对方的喜好，也不会考虑自己的话是否会伤害对方。这对于时时刻刻都在顾及别人的想法，常常为如何选择合适的措辞而苦恼的 HSP 人群来说，也许是很难想象的。

即便是如此，社会上一半以上的人其实都属于这种人。

有的人仅凭个人好恶就把别人当成傻瓜，侮辱他人；还有的人不分场合，口吐恶言。对于这些人，你大概根本不愿意想象。

但是万一你遇见了这种人，最好的对策就是“划清界限”。

之所以这样建议，是因为敏感的人在语言表达方面的感受性非常敏锐，因此哪怕是单纯地暴露在言语所造就的负面能量中，也会导致自己的情绪变差，一蹶不振。

请思考：他人愤怒的情感为什么会导致 HSP 人群的不快呢？如果实在讨厌的话，为什么不能不看、不听、不管呢？为什么自己看不惯别人生气呢？

你是否把自己投射到了他人身上？是否因为你觉得对方是同类，所以便讨厌对方了？也许，他人的愤怒正是给身为 HSP 人群的你的一个提醒，告诉你应该更加放松地去生活。

学会对负面能量说“不”。

9

无法控制情绪时，先深呼吸

HSP 人群表面上看起来很平和，但是其实他们很容易受伤，常常会因为不知道如何表达自己的想法而隐忍不发。这种情况下，他们内心的痛苦会一直堆积，直到某一瞬间冲破情感的极限，最终失去控制。

相信本书的读者朋友中，一定也有怒气冲天，无法控制自己的时候。

在过于愤怒以至于情感失去控制的时候，首先要做的就是离开所处的场所。哪怕是不发一言地匆匆离开也不用担心，只要等返回之后，做出类似“刚才有点不适”这样的解释就可以。

快速平息愤怒的方法有：敲击手指、交叉触膝、深呼吸等。第一步，左右手小拇指的指腹相互敲击。第二步，右手碰触左大腿，放下；左手碰触右大腿，放下。重复这个过程。最后一步，将双手置于脐下丹田处，用力，同时缓慢地吐气、深深地吸气。

愤怒情绪产生的原因是自己未能获取对方的理解。其背后隐藏着的情绪是希望对方更加理解自己。

“悲伤”“难过”“寂寞”“痛苦”……正因为HSP人群常常把这些情绪隐藏起来，所以最后就导致了这些未被满足的情感需求化作愤怒爆发出来。

对于那些察觉到自己爆发愤怒情绪的人，我建议他们利用本子或者手机做一份“愤怒记录”。首先要把自己愤怒的思绪完整地记录下来，日后再冷静地加以分析。

如果知道了自己在什么情况下会失控，慢慢地就可以学会如何控制自己的情绪了。

愤怒的情绪是可以被控制的。

10

舍弃“我应该”的思考模式

你是否把“必须……”“应该……”“就是……”挂在嘴边呢?

HSP 人群特别在意别人对自己的看法，而对自己本身的情况则并不上心。因此，他们常常会为了他人而把责任揽到自己身上，认为自己“必须要做某事”。

由于内心极其细腻，崇尚完美主义且责任感强的缘故，有很多人会觉得“要做就要做到最好”，从而会一直勉强自己直到不堪重负。

现在社会上，有很多想成为“好孩子”的人，也有很多为了满足他人的希望而不懈努力，从而在工作和学习上取得好成绩的人。

然而，由于HSP人群与不安有关的神经回路特别活跃，所以他们很容易有一种病态的心理，认为自己“不能一直第一就没有意义”“绝不可以失败”。像这样，他们对于失误、失败、不顺利等都格外恐惧。

既然如此的话，他们是否要求别人也必须完美呢？实际上并非如此。生性平和的他们会帮助那些失败的人，安慰对方，让对方即使犯了错也不要放在心上。

不可思议的是，HSP人群可以认可别人，但唯独不愿接受自己，他们一直以一种“自己处处比别人差一截”的心态生活。明明工作上并不比他人差在哪里，却依旧为自己“连工作也做不好”而烦恼。

抱有上述思维的人一般会把“对不起”“太抱歉了”等话语挂在嘴边。其原因可能有两点：一是因为他们有一种同调欲求，觉得通过道歉可以让别人接受差劲的自己；二是因为他们觉得自己一直给别人添麻烦所以觉得内疚的缘故。

如果觉得自己身上也具有类似的问题，那么就要努力降低对自己的要求，不与他人相比较，不做超出自己能力范围的事，告诉自己：“你已经做得很棒了。”

改掉否定自我的口头禅，学会夸奖自己。

11

与自己的内心对话

你是否经常有这样的体会：最近无论和谁都谈不到一块去，总感觉自己过于迎合别人了，导致自己的话语特别空洞……

HSP 人群特别擅长察言观色，以至于连别人想说什么都能预感得到。假如察觉到他人想要说的话题和自己想说的不一致，那么为了让对方说出自己的想法，HSP 人群会顺着对方的思路，努力营造一种有利于对方的谈话氛围。

像这样，他们将自己的欲求束之高阁，一味地认为“和别人一起时必须让对方感到顺心”。因此，哪怕对方说些自己无法共鸣、无法理解的事情，也要努力体会对方的情绪和承认对方。像这样，由于不断打消自己的欲求，接受他人的想法，最终导致自己无法察觉到自己真正的想法。

如果你出现了上述情况，就请立即停止对他人的迎合。之后，询问自己内心对事物的看法，感受自己内心的回答。

最初的时候，即使你问了，有可能还是不知道自己究竟想要什么，这很正常，其原因是你之前一直是以他人为优先。

倾听不到自己内心的声音的时候，一定要确保每天都有时间与自己的内心对话。找一个安静的场所，自己一个人，一边把双手贴在头、胸口、腹部等处，一边问自己：肚子饿了吗？困了吗？想和谁见面呢？有没有感到寒冷或炎热呢？……不论得到的反馈是属于印象还是语言、感觉层面，都不要否定它，而是边想着“这样啊”边接受它。除此之外，养成每天早晨都问问自己“今天想做什么事情呢”的习惯。

知道了自己的欲求后，就能坦率地面对对方了。

12

适当放松自身状态

日本人总体上有种努力过头的倾向，这种倾向在工作的场合表现得尤为明显。

这种体现了国民性的调侃确实比较有趣，但据说在英语中并没有与日语的“頑張って”（加油）相对应的词，这也许会让译者感到很头疼。

日本人休息的习惯也很与众不同。在欧美地区，人们大都习惯了放近一个月的长假，而日本却没有休长假的习惯，人们一般都是通过短暂的假期来养精蓄锐，然后重新投入工作中去。

在具备“劳模”品质的人群当中，HSP 人群的态度更加认真，而且往往以完美为目标。

本来 HSP 人群就对刺激很敏感，很容易感到疲惫，如果还要追求完美，并且不愿意中途放弃的话，最终往往会让自己不堪重负。

因此，在结束了一天的工作之后，他们常常是以一种精疲力竭的状态回到家中。即便是休息日也不能彻底消除平日积累的疲惫，有时甚至困到连床都起不来。

如果想要摆脱这种状态，想按照正常步调好好生活的话，那就一定不能太拼。学会对自己说“没关系”“谢谢”“这样就好”。

如果长时间处在疲劳状态的话，神经会变得更加容易紧张，对于预定、变更等事情就会更容易变得不知所措。如果疲劳、无法放松的状态进一步加剧，那么自己在和他人对话的时候就可能出现其他的问题。

对于常常为了别人而努力拼搏的HSP人群来说，凡事都“自在随心”这一点格外重要。比如，在公司的时候，到时间就应该果断地停止手头的工作，至于剩下的可以放到明天。再比如和人聊天的时候，只要到了时间，不管谈话有多么尽兴，也要准时回家。

请像这样，树立自我轴心，把自己放在第一位吧。

节省下来的精力可以在必要时保护自己。

13

增强心理抗压力

心理弹性是与“脆弱性”相对的概念，它指的是自发的治愈能力。在日语中，它也会被译为“精神恢复能力”“抵抗力”“耐力”等等。

近年，在社会压力的大背景下，心理弹性作为一种“帮助人适应环境、生存下去的力量”，被广泛地提及。

在与人对话的时候，随机应变的能力和心理弹性是必不可缺的。我希望拥有细腻特质的 HSP 人群能够发挥自己那优秀的“不会陷入认知的感性”，努力接受自己，发挥自己应有的才能。

正因为踏入社会之后会面临各种各样的考验，所以至少要把自己当作是最可靠的伙伴。

根据情况，有时犯错了就该受到他人责备。但是要注意，这时你要说的不是“对不起”“抱歉”，而是果断地承认错误，坦然地对对方说“我又犯错了”。

无论犯了什么错误，一定要不断地告诉自己“我有强大的能力和最大的可能性”。而这，才是真正的自我肯定。

HSP 人群自我肯定感往往是很低的，正因为如此，所以哪怕受不到别人的夸赞，自己也要努力去认可自己。在遇到困难时，这种觉得自己“能行”的自信，正是自己力量的来源。

可以试一下，当被人责备的时候，找一个独处的空间，体会一下自己的内心。坚持的过程当中，你就可以自然而然地认清自己的长处。

不久，你就会对自己的长处充满信心。

学会相信自己的潜意识，相信自己“能行”。

第三章

如何消除“自我厌恶”

第三章的要点

即使努力也不能好好表达，导致自我厌恶

- □ 和某些特定的人交谈时，感到难受，有界限感
- □ 无论怎么做也无法和上司、同事等公司相关人员合得来
- □ 说话的时候过于在意对方的情绪，导致特别累
- □ 觉得只要自己一说话，就会受到大家的注视和嘲笑

↓

别人是别人，自己是自己

你的发言并不会受到别人的点评。

强化自我轴心，找回自我吧。

要　点

1

对于无论如何都觉得很难相处的上司和前辈，要主动经常联络

有的人，无论你怎么努力也无法变得和他投缘起来。如果这样的人恰好是你的上司或者同事，那么也不要因为不合而疏远他们，而应该主动地向他们汇报工作情况。这样一来，就可以根据自己的节奏来和对方保持联系，把对对方的隔阂感和厌恶的情绪降至最低。

要点

2

不要太被对方的情绪所影响

HSP人群同调性很强，能够做到感知对方情绪并且关怀对方，给予对方安全感。但是，另一方面，当他人带有负面情绪的时候，HSP人群的情绪也会受到感染，变得闷闷不乐。最好的解决方法就是远离那些负面情绪的人。

要点

3

拒绝别人并不是坏事

相信很多人都不擅长拒绝别人的邀请，觉得这是一件很对不起对方的事。但是对于邀请方而言，他们在发出邀请的同时已经做好了被拒绝的心理准备。所以说，只要在对对方的邀请表示感谢的前提下痛快地拒绝对方，对方也一定会表示理解。

1

拒绝他人时，一定要放平心态

HSP 人群很少有自己的主见，很不擅常思考自己到底想要什么。

在日常生活中，由于担心受到别人的拒绝、攻击、排挤、厌恶等，HSP 人群常常不敢说出自己真实的想法，有时还会违心地接受别人的邀请。

如果这些被隐藏的心声能够在别的时机得以宣泄的话，也没什么问题，最怕的就是做不到这一点，并且还把对自己情感的抹杀当成了理所应当，最终导致自己失去主见。

一般来说，一个人在向别人发出求助或者邀请的时候，已经提前做好了被拒绝的心理准备。因此，对方不接受时，也不会感到意外。要注意的是，如果对方含混不清地拒绝自己，反而会有希望落空的感觉。

因此，拒绝别人的时候一定要清楚明了地告诉对方。做不到的事情，就不要采用一些让人误以为有希望的表达方式。

拒绝时，首先要表明自己的态度，例如告诉对方自己今天有别的安排了。这里不需要进一步详细地解释，只要简单地拒绝就好。此外，如果有其他的补充，例如“可不可以改天”等提议，也要一并提出。如果做不到或者不想做的话，也无须勉强提出建议。最后，真心实意地对对方说“真是太遗憾了，实在是去不了”，就不会有什么问题了。

在拒绝别人之后，你也许会想要多次向对方道歉，但是这反而会让对方的情绪变得糟糕。虽然为拒绝别人而道歉是很重要的，但是如果一直道歉的话，听起来就像是你在逼迫对方表示同情和理解一样。

如果事先知道自己要拒绝对方的话，可以简单地整理一下自己想说的内容，提前把它们写下来，或者提前练习一下。

拒绝别人时，不要考虑对方的反应，要爽快地拒绝。

2

邀请他人时，不要认为是麻烦对方

HSP 人群不仅不擅长拒绝别人，还不擅长向别人发出邀请或者求助。

比如说与朋友约饭这样的日常邀请吧，这是一般人都可以轻松做到的，但是对于 HSP 人群来说，他们会觉得这是可能给对方添麻烦的一种行为，所以就不去行动。“这样做可能会惹对方不快”“对方肯定不会接受的”……像这样，HSP 人群总是自己给自己设限，会导致自己无法行动。

实际上，向别人发出邀请和求助是构建双方信赖关系的良好开端。换言之，邀请和求助可以与不熟悉的人共同行动，开始建立信赖关系，这是非常重要的。

限制自己的行动、把自己真正想要做某事的欲求抹杀掉这种行为，虽然可以创造一个舒适的环境，避免自己受到伤害，但是却会让自己的世界变得越来越狭小。

在做好被拒绝的准备的前提下提出邀请是很正常的事情。对方可能会因为没有时间而拒绝，甚至有可能会因为对邀请没有兴趣就拒绝你。

但是，像这样的拒绝，责任并不在于你，你也无须把遭到别人拒绝当成一件不好的事情看待。因为既然你有邀请别人的自由，那么别人也有拒绝的自由。

因此，即使被人拒绝了也不要自卑，等下次有机会再问问对方吧。

“再强势一点也没关系”——当这样想的时候，邀请别人这件事就变得不那么难了吧?

看到这里，如果你还是害怕向别人发出邀请的话，首先要做的就是降低难度，从邀请熟人去熟悉的场合开始练习。无论这些演练进行得顺不顺利，都可以让自己去习惯邀请别人，在那之后就可以逐渐挑战一下自己，邀请别人去自己不熟悉的地方，或者是向自己不熟悉的人发出邀请等。

做好被拒绝的思想准备，更加强势地去邀请别人。

3

求助他人时，等于告诉对方“你很重要”

“说不出想说的话”“做不了想做的事”的原因，除了胆小、过度在意他人等理由之外，最根本的问题就在于 HSP 人群那可以被称作自我牺牲或者自我虐待的观念。这种观念支配了他们的内心，让他们觉得自己“忍一忍就过去了”“牺牲一下没什么”。

有的人可以轻松地向他人寻求帮助，而有的人则不能。

对于过于敏感、不善言辞的 HSP 人群来说，在公司或者是私下拜托别人帮忙是难度很高的、让他们困扰不已的问题之一。

很多人觉得“找人帮忙”就是“自己提出要求，让对方做一件本身并不想做的事情”。但是实际上，也有愿意欣然接受求助的人。“自己的建议和行动肯定不会被认可”“一定会被否定”……对于自己从小养成的自我否定的观念，如果能够加以注意，并且下定决心拒绝忍耐和牺牲，那么就可以提高自我肯定感，从而让对方感受到你想要做某事的决心，最终决定帮助你。

本来，对方究竟想不想帮忙其实也只是自己的推测。当你遇到困难时，看在你是重要的同事或者朋友的分上，对方也许还会很乐意帮助你呢。

甚至，有很多人还可能觉得你不是随便找人求助，而是出于信任他才拜托他的。对方会觉得既然你如此信任他，他就必须帮助你。

这种对话其实也有助于提高对方的“自我认同”。所谓自我认同，就是一种自我肯定的心理活动，觉得自身具有价值。

向平常有接触的人求助，就是在向对方传递“你对我很重要”的信号。

拜托别人，就等于告诉对方“你很重要”。

4

永远把自己的真实想法放第一位

人在极端痛苦时，大脑会产生一种叫内啡肽的物质以减轻痛苦。尽管这种状态会给人带来非常幸福的体验，但是另一方面，当从这种状态脱离出来的时候，则会出现一种非常痛苦的，叫作情感失禁[1]的戒断反应。不过该反应并不会一直持续，仅需要两周至两个月的时间便可恢复。

“忍无可忍了，一直为了他人而牺牲，现在已经到达极限了！”

尽管一直在忍耐，但是当忍无可忍的那一瞬间来临的时候，一定要做好发生戒断反应的准备，并且离开那个人。

---

1 指因微不足道的刺激便能造成剧烈情绪反应的现象。

至今为止，你肯定一直处在默默忍耐的状态，总是在附和周围人的话吧。每一天，在结束了当天的工作或学习之后，疲倦就会卷土重来，而你只能倒头就睡，对吧？

觉得痛苦，想从这里逃脱出去，这正是自己内心发出的求救信号。

离开所处的环境，再也不回来的话，就可以从不幸的恶性循环中逃脱出来了。

如果是像职场、学校这样，自己无法选择辞职或者辍学的情况，可以办理暂时的停职或者休学。一定要说出自己的真心话，告诉别人“在这里待着就是自我牺牲！”“离开对我更好”。

之所以会发生戒断反应，是因为身体的自我保护机制发生作用，想要再次回到原先的那种麻痹状态中。这时候，请拒绝诱惑，告诉自己“不能再那样下去了”“要远离那里”。

这样一来，即使重新回到那个让自己感到厌恶的场景，自己也能多少注意到与之前不同的“风景”了。

这个世界上最理解、最珍视自己的人就是自己本身。因此，按时好好地去确认自己的身心状况吧。

把自己的真实想法放在第一位，
远离令自己痛苦的场景。

5

主动出击，反而会减少很多困难

世间万物都是集正负、善恶、表里为一体，不断变化着。正中有负，善中有恶，表面和内里密不可分，相互转换。我们对于事物的判断也会根据情况、立场的变化而变化。既然如此，当自己没有出路的时候也不必惊慌，只需找一个新的起点，远离当下的状态就可以了。

任何人都会遇到“无论如何也合不来的人”。如果无论是改变与其相处的模式还是保持距离，都没有效果，那么自己唯一能做的就是咬着牙和对方接触。在这种情况下，请这样理智地告诉自己：“虽然觉得这个人难相处、很讨厌，但是今后不希望再继续讨厌他了。”然后将这种态度转向实际行动。

缺乏自信，总是自我否定的人极其容易成为上司或同事针对的目标，被对方以一点小事为借口挑毛病。

不断被人追究自己过去工作上的失误，或者被人公开批评自己所犯的小错的话，心理压力就会增大，导致只要一想到上班就会有心悸、想吐的感觉。

跟“合不来的人”友好相处的秘诀是从“被动”转为“主动”，坚持自我主张。一味地去配合对方的节奏，被对方啰里啰唆的责问所支配的话，压力就会增大。既然如此，那就要化被动为主动，抢在对方前面，按照自己的节奏向其汇报工作情况。

“这人太难相处了”——当你这样暗示自己的时候，对方同样会觉得你也是个不好相处的人。因此，不如这样暗示自己：“虽然这个人和自己不同，但也有共同之处。”这样一来，就会找到与对方合得来的地方，交流就会变得顺畅了。

通过提前传达情况的做法，可以让对方觉得“无论发生什么事情，他都会首先和我讨论”，从而减轻对方的不安。

这样一来，那种令人不厌其烦的工作上的确认和指责就会减少。

想要保持自己的节奏，就需要变得不再被动。

6

摒弃“必须要得到赞赏”的观念

想要实现与人流畅沟通的话，除了语言识别能力，还需要各种各样的认知能力，例如：表现力、逻辑思维能力、语用能力、构音能力、意志力、情感能力等等。缺了任何一种能力，都无法和人流畅对话。另外，“无法和人流畅交流”的问题的根本在于自身隐藏的各种各样的负面观念（图式）。例如：被抛弃感、孤独感、失败感、无能感、被害感、不安感、自我否定、自我牺牲、自我虐待、抑制感情、完美主义、渴望赞赏等等。

“无论做没做到，自己都有价值。”“与人相处不来也没有关系。”——如果能这样想的话，就不会在意他人对自己的评价了。换句话说，就是没有必要硬逼着自己迁就对方。

很多内心过于敏感的人由于一些负面观念的缘故，会有较低的自我肯定感。他们害怕被人看不起，也无法向别人袒露自己的弱点或者缺点，同时，他们还会竭尽全力让别人只看到自己的优点。

与之相反的是，对于自我肯定感高的人来说，他们会觉得“既然是人，那就肯定会有不完美的地方”“人天生就会犯错”，因此，即使被人发现了自己的弱点，他们也会以平常心对待。他们能够清楚地认识到，些许的失败并不会影响到自己的价值。很多人认为当自己缺少自信时，通过被人夸赞可以弥补内心的渴求，但这其实是治标不治本的办法。因为所谓的自我肯定是指能够接受失败的自己。

在儿童时期，我们是通过父母和周围人的认可来认识到自己价值所在的。如果在当时我们并未彻底建立自我肯定感，成年之后的我们就要接受自己这方面的不足。

人的烦恼其实都源于没有活出真实的自我。“我想做这个”“这个很有趣”……只有了解这些内心真正的想法，我们才能认识到真正的自我。无论有多少缺点，犯过多少错误，都要爱这世间独一无二的自己。

提高自我肯定感，可以使你活出自我。

7

改变负面图式，才能和他人愉快相处

都怪自己性格太阴暗，才无法和人顺畅交流，如果自己的性格乐观一点，想必一定能和大家打成一片……

比如说早晨和别人打招呼吧，对于能够轻松和人说早安的那类人来说，他们根本无须做任何心理挣扎就能微笑着做到。但是，对于不善言辞的人来说，他们必须要暗自鼓足勇气，连开口的时机都要考虑很久，并且要下很大的决心才能付诸行动。

当这种情况发生次数多了之后，有的人可能就有了改变性格的想法。有些人甚至很认真地付诸实践。他们会给自己相关的任务，例如：“每天都要和 10 个人打招呼”或者“和人说话的时候一定要努力让对方露出笑容”等等。但最终的结果是，无论他们完成多少任务，他们害怕交际的性格依旧没有改变。这是因为他们没有改变影响性格的根本因素——负面观念（图式）的缘故。

性格是人后天受环境影响而形成的。性格能体现一个人的特质，但是却未必代表一个人真正的自我。

你之所以感到自己不擅长和人交流，问题不仅出在自己本身的负面观念，还跟你把所有原因都归结于过去或他人有关。

当觉得活着很痛苦的时候，首先，你需要找到自己身上的负面观念。然后尝试去分析其来源。这些观念有可能是在成长过程中别人施加于你的，也可能是你自己单方面形成的。

如果是自己的原因，那么就要去努力改变它；如果是他人的原因，那么就要多加注意并且学会洒脱。

阿德勒心理学的相关内容表示："感情没有原因""感情是达成目的的手段"。也就是说，自己的观念其实是一种目的，而自己所处的情况和自己的感情是达成目的的手段，因此，不应该着眼于他人和过去，而应该去改变现在的自己。

你眼中的自己的性格是否真的就是自己天生具有的呢？

8

无须将个人的行事准则用到沟通之中

HSP 人群往往都有一些不好的观念，并且还有很强烈的责任感、不安感和恐惧感。他们会固执地坚持自己的行事准则。一旦有超出自己预期的事情发生，他们就会陷入恐慌，因此他们很不擅长处理突发的事情。

这种情况同样也体现在交际方面，HSP 人群有一套属于自己的详细的行事准则，其中规定了自己如何根据关系远近来选择话题等内容。

因为 HSP 人群与人为善、胆小怯懦并且不会拒绝他人，所以常常会被人麻烦，被利用，被不怀好意的人突然接近，或者是意外地被人牵扯到私密话题中去。对此，HSP 人群常常会感到厌烦。

小的时候，是否遵守规定或者教条是大人评价孩子的标准之一。孩子必须按照大人制定的规矩行事，并努力获取大人的承认。

但是，当孩子长大成人并步入社会以后，在新的人际关系中，这种规定必须做某事的教条就毫无意义了。

成人之后，我们将面对各种价值观和规则，这就要求我们必须根据现有的情况做出相应的成果。

正如“入乡随俗”所说的那样，成人的社会其实是一个要求我们随机应变的流动的社会。

这对于 HSP 人群是非常不利的，因为他们有一套自己的准则，害怕事情发生变动，并且只能按照自己的步调行事。

如果你现在所处的职场或者环境是不适合自己的，那么你只能换一个适合自己的地方，或者尽可能创造适合自己的环境。

“规矩”和“教条”也有不起作用的时候。

9

不要过分要求别人“认真”

著有《有一种才能叫隐性阿斯伯格》一书的吉滨勉表示，她认为HSP人群都拥有着“来自外星的灵魂”，并且其中大部分人的情况都可以从发展心理学的角度来进行解读。

根据我的临床经验，HSP人群中很多人属于右脑型人，而且有注意力缺陷障碍，二至三成的有发育障碍的孩子都具有HSP的特性。HSP人群往往和阿斯伯格综合征人群一样，具有以下特征：脾气暴躁、易恐慌、行为刻板、兴趣狭窄、注意力过高或过低、固定仪式行为、自卑感或罪恶感强烈、体质弱并且活动能力低下、感觉过敏等。

此外，HSP 人群还可能具有一些“好孩子”的共性，即：完美主义、过剩的责任感、“应该”主义、接受能力低。

也许是由于成长环境过于严肃的缘故，HSP 人群往往容易把事情看得过于严重。而且，由于他们很难以他人的视角来看问题，所以他们总是要求别人要像自己一样认真。

和 HSP 人群的情况类似，有的人天生就具有 HSS（High Sensation Seeking，高感觉寻求者）的特质，他们与 HSP 人群恰好相反，具有好奇心旺盛、胆子大、喜欢社交、追求新鲜事物等特征。此外，由于他们同样有发育障碍，所以他们很不擅长整理和集中注意力。有的人既是 HSP 人群又是 HSS 人群，这部分人则很少表现出敏感的特征。

此外，HSP 人群和 HSS 人群对如何反省和如何应用失败经验这方面的看法也不同。

当相遇时，双方会感到对方“与自己合不来”“谈也谈不到一块去”。对此，请认识到这是由于大家没有共同的认知方式的缘故。

抛开自己的标准，把视线稍微转移一下的话，也许你会突然发现另一个世界。

自己和他人“看待事物的标准”，常常是不同的。

10

学会“屏蔽”他人的负面言论

对于那些天生比常人神经更为敏感的孩子来说，婴儿时期受到的内心创伤会导致他们产生“解离”。这会引起以下问题：自我意识变弱，导致无法明确与他人的界限、缺乏自我轴心；过度关心他人；过度同调，很容易不经意地就迎合他人。

笔者认为，过度同调是由于一种脑内的同调神经回路的作用而形成的，该回路叫作“镜面神经元系统”。当看到他人的行为时，位于额前叶的镜面神经元系统就会开始活动，让人产生一种自己也做过这种行为的错觉。也就是说，此时他们会无意识地在内心模仿他人的行为。除了额前叶，镜面神经元系统也存在于大脑的其他部位。此外，该系统还能让我们模拟他人的情感或感觉。相关研究表明，HSP 人群的镜面神经元系统比非 HSP 人群更为活跃。

举个例子，你是否有在发言之前先观察氛围或者他人发言的习惯？这是 HSP 人群从童年时期开始就逐渐养成的习惯，即把自己放在次要的位置，把对方的想法放在第一位，挑选出避免让他人感到不快的选项。

由于 HSP 人群内心细腻、温柔，并且比一般人更容易模拟他人情绪，所以一旦对方情绪悲伤，自己也会变得低落。这与上面提到的“习惯”也有一定关系。如果想要避免受到他人情绪的感染，最好的办法就是远离处于愤怒状态或者情绪混乱状态的人。

如果同调性过强的话，对方的一个无意的表情或动作、言语或态度都会让自己的情绪受到感染，从而导致不良自我暗示情况的出现。如果把这个过程逆向运用起来，暗示自己要“屏蔽”这些信息的话，就可以中断对方对自己的影响。如果已经不小心被负面情感所感染的话，那么就要告诉自己：“这是对方的情绪，并不是我在发脾气”，然后把这份情绪的影响屏蔽掉。

尽量远离那些容易陷入负面情绪的人。

11

学会控制自己的情绪

HSP 人群可能会有下列感受：感觉自己无论和谁说话都谈不到一起去；即使对方已经说得很详细了，自己仍然无法完全理解对方的言论；一旦对方对自己露出诧异的表情，自己的内心就会动摇起来，逐渐陷入混乱的状态中……

一旦意识发生解离，就会很容易发生过度同调的情况，把自己代入到他人的情感当中。此外，还有可能会发生完全相反的情况，即导致以自我为中心的冲动行为。由于自身用于保护自己的机能变弱，最终导致自己对对方说一些多余的话，或者发表一些对自己不利的言论。

没有主见，从小一直在父母的约束下长大的“Adult Children”（在有问题的家庭中成长起来的人）的情况也是如此。面对和自己关系不近的人的时候，并不会对对方表现出攻击性，但是面对亲近的人或者自己的时候，就很容易表现出攻击性。如果与对方的关系并不在一个安全范围的话，对方的随便一句话都可能触动自己的雷区，点燃大脑中有关不安和恐惧的回路，导致情绪的大爆发。

在情绪真正爆发之前，可以采取一些有效手段来阻止其发生，但是这些方法并不适用于在情绪爆发之后的阶段。此外，如果此时强行暗示自己冷静下来的话，反而会把注意力集中在不安的情绪上，起到相反效果。

在阻止情绪爆发的问题上，提高大脑机能，让大脑变得稳定是一个有效的方法。

具体做法是：首先，离开所处的场景，慢慢地深呼吸，同时放缓自己的动作。然后，相互敲击小拇指的指腹部分。接下来，右手碰触左膝，左手碰触右膝，交替进行两个动作。如果此时仍然无法平静下来的话，可以把注意力依次放在视觉、听觉、感觉上，不断重复这个过程。不要放弃控制自己的情绪，尝试一下这些方法吧。

一味地暗示自己冷静，反而会起到反效果。

12

过度紧张时，请呵护自己的内在小孩

“意识解离”同样也会导致自己陷入对他人或者周围的氛围格外敏感的状态。

此时，人们常常会把这种状态下产生的错觉当作是现实。

处在该状态中时，人们会畏惧来自旁人的目光，并且会产生别人会攻击自己的错觉，导致自己十分紧张不安。

此外，还会导致一些其他的情况。例如：在无人时感到有他人存在，觉得有人在看着自己，觉得自己的身体里有另一个人，产生幻觉，变得敏感，变得冲动无法冷静，夜间无法入睡等。

如果无论如何都坚信有人在偷窥、偷听自己的话，这种情况很有可能是自身的妄想。

处在容易发生心理过敏反应的解离状态时，一旦情绪变得不安和紧张，就会导致自我意识变弱，进一步导致陷入轻微的意识障碍或者被催眠的状态之中。到那时，人们会对周围一切声音、环境和人感到恐惧。

为了让自己重新回到那个令人感到安心的世界，请让自己的内心充满与不安、恐惧相反的幸福感吧。

想要从高度敏感和紧张的状态中挣脱出来、意识到自我的话，就一定要加强界限感和以自我为中心，找回原本的自己。

在实际生活中，首先需要寻找令自己感到安心的场所和人。在那里，可以向对方倾吐自己因为不安和恐惧变得萎靡不振，慢慢恢复活力。此外，为了提高意识的觉醒程度，还必须做适量的运动。

最后，还需要在自己的内心世界里找到那个一直以来未曾被自己注意到的“内在小孩”，请温柔地与它对话，并且好好地呵护它吧。

呵护“内在小孩”，找回原本的自己。

13

不要因对方的反应而怀疑自己

HSP 人群中，有一类这样的人，他们十分喜欢空想，从幼儿时期就沉醉于自己的世界，总是活在虚构的空间里。他们把自己代入到童话人物的身上，让自己沉浸在童话世界中，并且觉得自己是真实地生活在那个世界里。

尽管当步入小学阶段时，为了避免受到周围人的否定，他们会把自己的这一面隐藏起来，但是他们的这种空想行为是不会随着年龄增长而得到改善的。每次在回想起与他人的对话时，这些人就会觉得自己仿佛回溯到当时的场景中，并且还会分不清空想与现实、过去与现在。因此，他们很难得到周围人的理解与接受，还常常被嘲讽为“思维跳跃的人”“让人感到尴尬的人”。从小学开始，由于想象与现实的落差，他们会感受到巨大的压力，进而导致产生不安心理或者一些身体上的症状，并且性格也会发生犹如天使变恶魔一般的巨大转变。

这种类型的人之所以很容易为交流而苦恼，是因为一旦他们说出自己的真心话，就会遭人嫌弃，被对方要求“不要再说废话了”。这使他们不愿再对周围人倾吐自己的主张，变得随波逐流起来。有人会为这种转变感到痛苦，也有人会对此毫无觉察。其实，对于这类人来说，如果能获取他人的理解，自己也不再怀疑自己的主观体验的话，他们的内心就能被治愈。

必须要认识到，这个世界上“思维不跳跃的人”“不让人尴尬的人”的数量更多，这些人才是手握主导权的那一方。对于这类人而言，他们并不是把迅速就和别人相处融洽这一点作为目的的，因此他们并不会为良好的人际关系而做出努力。也就是说，即使你看到对方一脸无聊的样子的话，其原因也并不在你，而是对方本就不打算去了解自己没有过的经历。

在日本，10%—30%的女大学生都认为自己有预知能力、对氛围过度敏感、耽于空想或者有想象出来的朋友。如果你也有这种特质，请不要自责，这并不是你的错。只要你能找到一个能包容你、倾听你的存在，你就不会因为精神受到压迫而生病。

这并不是“你的错”。

敏感すぎるあなたが、うまく話せる本

第四章
如何重塑“强大自信”

第四章的要点

无论如何也无法自信满满地说话……

- ☐ 无法摆脱认为自己会重复失败的想法
- ☐ 该努力的时候，无法转换自己的态度
- ☐ 比起巨大的成功，更注意那些微不足道的失败，过于苛求自己
- ☐ 情绪低落时总是不经意地说很多负面语言

↓

情绪低落时，变得消极是很正常的

没有必要24小时时刻保持紧张，

在必要的时刻关闭自己的“干劲开关”吧。

要点

1

提前准备能让自己在一瞬间冷静下来的台词

提前从喜欢的电影、电视剧中挑选出一句即使是单纯诵读都能让自己感到平静的、自己中意的台词。当想要转换心情时，就诵读那句台词。不断积累成功转换的经验，最后可以达到仅需默念台词即可转换心情的程度。

要点

2

从形式入手

无法自信满满地说话时，有一个改善的窍门就是“有意识地驱使身体、从形式入手”。这是因为身体的动作会带动大脑发生反应。想要落实这个方法的话，还需要做出几点努力，具体的内容会在后文进行介绍。

要点

3

明确自己的理想形象

越是情绪低落的时候，就越该思考自己所憧憬的形象。因为越是对未来不确定，就越会感到不安。明确了自己理想的样子之后，就可以看到前进的方向，更容易取得进步。

1

不纠结那些“做不到”的事情

HSP 人群从很小的时候就为感觉过敏而感到痛苦。因为高敏感的缘故，所以很容易就会被他人的负面情感所感染，并且总是过度地在意、考虑他人的情况。

当陷入对对方毫无根据的想象或妄想中时，眼前的东西都变得不重要了，时间也过得飞快。

由于常常会分心，所以 HSP 人群并不擅长整理内心。此外，运动能力和沟通能力也不强。

即使内心很想要尽量不放在心上，但是身体却总是做出反应，无论如何也掩饰不了。于是，自己开始变得自闭起来，虽然绞尽脑汁想找到解决的办法，但是仍会责备无能的自己。

很多人还不愿意去人特别多的地方。这可能是因为人们身上所带的能量聚集起来的时候，会变成一种很强的力量，让人感到压迫的缘故。

不安和恐惧的情绪可以证明人是否感觉过敏。

那些从儿时起便被人强加于身的负面情感，在不知不觉中掌控了原本的自己，束缚住了天生自由而纯洁的心灵，让原本的自己无法得以显现。因此，如果想要消除过度敏感，就必须去除束缚自己的负面的观念，并且还要做到不受周围的影响。

对此，首先要忽视自己或者他人唱衰自己“做不到”的声音。此外，还要不与他人比较，明白“即使做不到也没关系”。

忽视自己“做不到”的事情，
想想“做不到也没什么”。

2

找到“敏感得恰到好处”的点

大脑是由各种神经回路组合而成的，这些神经回路都是由每个人的遗传信息所决定。如果一个人在其成长过程中担负了过多的压力，那么大脑中发育最活跃的部分功能就会变得低下，而与之互补的部分的活跃度则会变高。

简单来说，大脑的右侧和左侧、前部和后部、上部与下部、外侧和内侧之间是相互分工的关系，如果其中一方出现了功能异常（亢进 / 低下），那么相对一方的功能就会得到互补性的增强。

这与快乐脑和恐惧脑、HSP 和 HSS、自上而下和自下而上等相对概念的原理都是一样的。为了防止这种由代偿功能所引起的失衡的情况，有必要提高功能不全部位的输出，或者是降低功能亢进部位的输入。也就是说，消除功能异常的情况之后，反馈功能就能得以充分地发挥，异常就会被修正。

换言之就是，如果提高自己不擅长的输出，擅长的输入就会减少；如果提高自己擅长的输出，不擅长的输入就会减少。所以说，如果想要消除感觉过敏，可以从提高自己不擅长的输出，或者提高自己擅长的输出，这两个方面着手。

之所以不擅长，是由于过度输入（压力）所导致的，因此必须抵挡住这些压力，用一些辅助手段提高自己擅长的输出。

总结一下，就是要通过阻断特定的部位来使原本的回路恢复运转。

这样一来，自己就可以恢复对压力的正常反应了。

无论是人类还是自然，都处在一种此消彼长的状态中，用一种长远的眼光来看的话，总体一直是处在平衡的状态里。

如果因为不安、恐惧、负面观念而不能阻止其变化的话，所有的事物都会向中立中庸的方向上发展。

请积极地调动“输入”和“输出”的平衡功能。

3

找到能让自己放松下来的口诀

《圣经》中有这样一段内容："万物都是由神的话语创造的。生命在这些话语当中。这生命就是人的光。"确实，话语中存在能量（言灵），该能量能把说出的话语变成现实。

语言有两类：一种是带有正能量的"光语言"，而另一种则是带有负能量的"暗语言"。不论是发言方还是听众，都会受到这些语言的影响。

催眠治疗就是通过巧妙的话语诱导，使患者陷入催眠状态，提高患者的被暗示性，进入到患者的潜意识当中。其实，哪怕不是处在这样的特殊环境，哪怕不能完全听懂话语的含义，话语都可以在瞬间影响到人的大脑。

这方面有很多的实例。例如：佛教的经文、基督教的赞美诗等等。而根据我问诊的经验，我推荐的话语有“辛苦了”“这样就好”“真努力”“谢谢”“原来如此”“没关系”等等（后文将有更加详细的说明）。

心理咨询师大岛信赖先生在他的著作《关闭让你困扰的基因！阻止脑电发射的魔法语言》中，介绍了一种通过魔法语言来调整大脑机能的独特心理技术。

书中介绍的魔法口诀是“××，你真棒！”和“没办法，都是遗传的锅”。

把这样的话语重复七遍，精神就能得以安定。看来，话语的力量真是不可思议啊！

仅需告诉自己“这样就好”，
就会有不可思议的效果发生。

4

多把成功归于自己的努力

如果一个人的自我（ego）[1]很强的话，那么当他成功时，他会觉得功劳在于自己，而当他失败时，他则会很容易把责任推卸给他人。

另一方面，如果一个人的木我（id）很强的话，那么，当犯错时他会觉得这是自己的错，而成功时，他会觉得自己是托了他人的福。

1 此处的自我和下文中的本我都来源于弗洛伊德的人格结构理论。一般而言，自我代表一个人后天发展出来的个体意识，本我代表一个人先天伴随的个体意识。

后者在抑郁、情绪低落的时候，自身的自责感和被害感会增强，同时自我和本我会变得弱小，底气也会不足。

尽管 HSP 人群由于感觉过敏的原因，很不擅长与人交流和处理人际关系，并且还会有行为刻板和注意力不集中的问题；但是，他们待人真诚、正义感强、彬彬有礼的特质也会博得不少好感。当看到父母、他人的痛苦时 ，他们会立即燃起必须帮助对方的念头，为对方尽心尽力，甚至到自我牺牲的地步。

这种即使痛苦还要拼命努力的行为很容易导致自律神经失调。同时，还会影响到自己的学习和工作。此外，由于外在的自己（显意识）一直对内在的自己（潜意识）“发号施令”的缘故，负面情感和情绪会在内心堆积，直到爆发。

为了避免这一情况的出现，外在的自己一定要意识到内在的自己的存在，并且要承认、接受它。

自己现在活得之所以痛苦，是因为总是接收来自父母和他人的负面感受，忽视了自己本身的意愿，没有活出真正的自我的缘故。再加上，没有一个能让自己感到安心的场所，并且在学校或职场也没有人理解自己的敏感，也没人给自己发展的机会，所以就逐渐变成了一个没有自我主张的人。

对于 HSP 人群来说，本我固然重要，但是今后还需要对自我加以关注，保持一种“成功靠的是自己”的认知。

关注、承认、夸奖“自己”吧！

5

偶像的力量能让人变得积极

有的人之所以不安感和紧张感很强，是因为他们很容易与感到不安或紧张的人同调，被对方的情绪感染的缘故。因此，如果想让自己的情绪得到转换，可以找内心充实、幸福的人作为自己憧憬的对象。通过观察那些人的行为和状态，可以使自己受到感染，情绪就可以变得平和。

此外，通过观察和模仿自己憧憬的人的状态，可以摆脱“觉得自己无可救药”这种观念，让自己的心态变成自己所期待的那个样子。

对于那些害怕失败和犯错、不达到完美就很不安的人来说，想要不对自己的失败和错误过于执着的话，就需要认清自己的内心，不能像法官那样审判自己。此外，还需要去做自己真正想做的事情，这个过程中，需要参照自己憧憬的人，对对方加以观察和模仿。

当把憧憬对象的形象印入内心之后，自己的内心就很难再被一些小事所动摇了。

这是因为此时自己的内心中已经有了一个指针，一旦遇到事情它就会提醒我们，让我们思考："如果是那个人的话，在这种情况下会怎么做呢？"

越是对事物持悲观态度的人，就越需要尽早改正心态。首先，要改正裁决自己的心理；其次，要坚信"失败也没什么大不了的"，让自己彻底变成"换作是他一定会成功"的憧憬对象。

然后，就要尝试去模仿那个人。

不可思议的是，在面对一个自己可能无法处理的难题的时候，如果把自己代入到自己理想的角色中去，就可以轻而易举地将问题解决。

通过对自己的憧憬对象不断模仿，最终会形成一个开关，这个开关可以使我们在一瞬间进入“不会失败的模式”。

“如果是那个人，会怎么做呢？”在思考这个问题之后，你会得到一个超出以往的答案。

6

行动能改变人的思维

有的人之所以没有干劲，是因为太过守旧的缘故。如果一个人总是墨守成规的话，那么无论何时他都会没有干劲。

那么怎么做才能变得不再守旧呢？首先要让身体有所行动，从形式开始着手。具体来说的话，首先要做的就是微笑和呼气这两个动作，因为笑容可以让我们的情绪高涨起来。

大脑其实是很容易被欺骗的，我们特意做的一些行为也会引起大脑的反应。但是如果要进一步唤醒僵化的、处于休眠状态中的大脑的话，我建议做一些有别于平常的事情。可以从人、物、地点、时间等角度做出一些新选择，带给自己一些变化。通过进行一些平常不会去做的活动来激活自己的大脑。

第二，我们要嘉奖自己。当自己取得了一定的成绩时，围绕自己最喜欢的人、事、物，选个礼物嘉奖自己。

最后，要想象一下自己憧憬的人或者状态，试着让自己做出改变。设想一下自己成功变成了对方的样子，然后不断地演练这种“变身模式”，不断地出声扮演对方。这样做可以使自己的大脑朝着之前扮演的状态运转。

在有了干劲之后，我们还需要怎么做才能把事情坚持做下去呢？我认为需要做出下面几点努力：

- 先从一小步开始，不力求完美，从形式着手
- 总结套路
- 与人产生交集
- 夸奖自己
- 劳逸结合
- 有一个能让自己为之努力的人

- 不忘初心
- ……

总之，要努力不要使自己变得守旧。

启动“变身模式”。

7

把注意力放在当下的感觉上

“明天的见面会不会顺利呢？”

“这次必须万无一失……”

有时，你可能会忍不住为各种各样的事担心，并且会为此感到不安和恐惧。那么，这该怎么办呢？

我们的大脑中存在以下三种脑网络：促使人将意识转向外部世界的执行控制网络（E），促使人将意识转入内心世界的默认模式网络（D），以及把意识转向身体感觉的突显网络（S）。其中，E 网络和 D 网络是对立关系，S 网络则是其他两种网络的连接渠道。

当 D 网络使人把意识投向未来和过去的时候，S 网络会连接 E 网络，让意识回到现在。

不安和恐惧的情绪会阻碍我们面对现实，并且歪曲我们的认识，让我们只能在内心建造一个逃避现实的妄想世界。

到那时，我们的意识就会脱离现实，失去了对时间和空间的判断能力。

在那种情况下，如果可以把意识转向自身的感情和感觉，接受已有的现实，那么就可以消除不安和恐惧。

当身体感到茫然、不安、忐忑、焦急、焦虑等情绪时，要把意识转向自身的感受，不加评判地默默体味它们，并对它们说："知道啦""原来如此""不要紧，我已经注意到了"，这样，这些感受就会逐渐减轻。

之所以建议这样做，是因为面对感情和感受，我们只要注意并接受它们，情绪就能恢复安定。

当不安和恐惧减少后，D 网络就会自然地被切换为 E 网络，我们的理性得以恢复，这样就可以看到一个真实的世界。

感到不安和恐惧时，要把意识转向“身体的感觉”。

8

利用批判的观点去看待事物

如果一个人的自我肯定感很低的话，那么他在面对比自己优秀的人时，会涌起强烈的不安感和自卑感；在面对一个比自己平庸的人时，会产生优越感和放心感；当对方与自己的预期不符时，会非常愤怒和恐惧。

为什么在面对某些人时，会感到对方很棘手，并对对方抱有偏见呢？其实，上述的一系列负面情绪就是原因。

而为了消除自己的错误思维，必须要学会客观看待自己内心的负面情感，掌握与之相反的正确思维。

比如说，当对方很优秀，自己觉得沮丧时，大方夸奖对方“你真厉害”；当对方比自己差，很体谅他的时候，特意鼓励对方“你真棒”。

这样一来，自己慢慢就不会害怕和对方交流了。

对他人的比较和评判会使我们内心产生负面的情感和思维。

也就是说，我们之所以会那么想、那么认为，全都是由于自己错误的认知方式，具体来说，就是我们总是通过判断事物的优劣来认识事物。

“人是由物质和能量构成的，有内外两面，处在不断变化中。”如果能够意识到这一点，就能够批判性地看待自己的所见所感，掌握正确思维，大方地对对方说出与自己的偏见相反的评价了。

所谓正确思维，就是“敢于说出与偏见相反的话”。

9

保持乐观就能坚持下去

你也许有过这样的时刻：在某方面失败了之后，觉得一切都是灰色的，负面的言语一个接一个地出现在自己的脑海里。

确实，人生总是充满各种波折、停滞和黑暗，但是如果我们能够不对事物的善恶加以评判，不与他人比较的话，一切就会顺利地发展下去。

虽然我们会看到一些事物的毁灭，但那也是新事物诞生的环节之一。

因此，我们不必特意去根据自己一段时间的观察来对事物加以推断。因为即使不能马上看到结果，我们也会在不经意间发现一些预兆。

比方说，你和恋人吵架、分手了。虽然这是一个让人心痛的事情，但是这同样能让你认清对方是否是你的绝佳伴侣。通过分别，可以让你看清对方的优点与自己的缺点，你们有可能互相改正，重新与对方和好如初，也有可能各自去寻找更加合适的伴侣。

有缘的话，无论怎样都会在一起，无缘的话，费尽心机也无济于事，这可以说是人生的一个定律吧。

人与人之间的相遇离别是如此，事物的成败兴衰大概也是如此。无论是成功还是失败，都会为我们带来超出我们愿望或努力范围的东西。比起拘泥于成败的人，那些遵从自己内心的人，即使不努力也能顺风顺水，这是为什么呢？

当做了自己想做的事情，人们就会理所当然地认为“不会失败”“肯定有办法”“朝着好的方向发展”。这应该就是问题的关键吧。

毁灭是新事物诞生的环节之一。

10

不要被“内心的声音”迷惑

HSP人群中，有部分人从小就爱幻想，并从中获取各种各样不可思议的体验。虽然这对于本人来说是很正常的事情，但是对于他们的父母、朋友来说就很难理解了，对此，他们会感到非常痛苦。

如果这些人能够找到好好倾诉这些童年时期体验的对象，并且获得对方的理解与认同的话，就能彻底被治愈。

童年时期爱幻想的具体表现是，在自己的脑海中勾勒一个想象的世界，并且觉得那仿佛就是现实。这种行为直到成人阶段都不会消失，它是不间断的，并且其内容会随着成长而得到丰富。

笔者认为，这种行为受环境影响很大，并且表明个体处于会对周围一切感到不安与恐惧的过敏状态。

据调查，足足有 8% 的孩子有过幻听或幻觉经历，有 13% 的女大学生曾经有过想象中的朋友，或者有过人格分裂感。

人脑有时会基于自己记忆中的信息或者外界无形的能量让自己产生幻听或幻觉。无论本人有意识还是无意识，这些幻听或幻觉都有可能出现。比方说，在闪回创伤记忆的时候有真实感，或者无法区分梦境与现实。而对于会给自己下达命令或指示的幻听，无论人们怎么害怕、逃避、反抗，它都无法消失。

对此，需要在承认幻听存在的基础上，小心地拒绝它、远离它，向它表示自己的意愿，强硬地面对它。这样做之后，你就不会再为这些幻听而烦恼了。

此外，这些会引导人的少见的幻听一般也是根据时间场景出现的。因此，在一个让自己感到安心、安全的环境中，内心平静地生活是非常重要的。

学会强硬地面对那些“命令自己的声音”。

11

共情也得分清楚自他课题

高敏感人群的性格特点是老实、纯粹，特别容易相信别人，这导致他们很容易被他人的话语所左右。

他们对他人的消极情绪感同身受的能力很强，一旦听到一些负面的言论就会很在意，从而导致自已也极其痛苦地被卷入这些情绪之中。

如果总是被对方的话语影响，总是过于纠结话语含义的话，那么就很容易产生被他人针对的心理，产生不安和紧张感，并让内心堆积过多负面情绪。

日本已故临床心理学专家河合隼雄先生曾表示，“(由于人的认知、经历不同）人心是不可能读懂的”。另一方面，他同样也说过："不对他人的话语妄下判断，通过心无杂念地听取他人的话语来与他人构筑联系，这时，无须特意就能读懂对方。"

也就是说，人心并不是想读懂就能读懂的，而是不加以判断、保持无心的状态才能捕捉到的。

HSP 人群很容易被他人的氛围、情绪所影响，也很容易对他人的事情考虑过多。此外，他们还会有意无意地根据自己的认知来对他人加以评判。为了防止这一点，他们需要告诉自己："对方的感受是不会被人读懂的。""自己不可能读懂他人。"像这样，为自己设置一道防线，来防止自己评判他人。

每个人的大脑都是独一无二的，同时，认识事物的方法也是因人而异。因此，每一个人所看到的现实世界也都是不同的。所以，请停止不向对方求证，擅自以自己的思维评判他人的做法吧。

请好好地区分自己和他人的课题，在不干涉他人课题的同时，也不让他人涉足自己的课题。

必须果断地相信"他人的情绪是不可能读懂的"。

12

利用感觉从思考停滞中挣脱出来

HSP 人群中，有些人有过大脑一片空白、思考停止的经历。

当人进行思考时，一般情况下，两侧大脑是相互配合运转的，但是如果一个人曾经因为创伤性压力而发生过大脑部分功能停止的话，那么他的大脑很容易变得右半球活跃、左半球不活跃。

强烈的恐惧、悲伤、愤怒会激活这类人的情绪脑，同时让前额叶的内侧和控制语言活动的大脑部位变得不活跃，从而使人产生吃惊、震怒、身体僵硬等反应。

此外，这还会使他们更难以表达自己的所思所感。

对于这些人来说，无论他们是睡着还是清醒，他们的创伤记忆都会断片式地不断在自己的脑海中闪回。

即使在听别人讲话的时候，那些内心的声音和画面都会盘旋在自己的大脑里，导致自己无法集中精力。

如此一来，真正的自我就会远离自己，使自己变得不再是自己了。

当像上文所说的那样，大脑的部分功能停止工作，理解力、记忆力、语言表达和身体活动能力退化的时候，人的表情会变得空洞，整个人会变得呆滞、没有现实感。

这时，我们需要通过一些技巧来轮流活动两侧的手脚，给大脑以活力。

比如：Energy Tapping（手掌穴位敲击法）、Brain Gym（促进大脑活力的训练）、“看、听、感觉法”等等。

例如，“看、听、感觉法”就是指在脑中默念“看”，然后在四拍的时间中看些什么；在脑中默念“听”，然后在四拍的时间内听些什么；在脑中默念“感觉”，然后在四拍的时间中感觉些什么。完成后不断重复这一过程。

利用“看、听、感觉法”，
从停止思考的状态中挣脱出来。

13

学会宣泄创伤性情绪

对于那些有精神创伤、在生活中隐藏着内心伤痛的人们，有三个方法可以帮助到他们。

第一个方法是认知疗法。通过与他人进行交流，客观地分析创伤相关的记忆，进而使自己明白并理解究竟发生了什么。

第二个治疗方法是服用防止大脑过度兴奋的药物或者进行行为训练。

第三个治疗方法是通过重新体会由精神创伤所导致的无力感、强烈的情绪和身体上的感觉来进行治疗。

精神创伤是指人在受到压力时，没有即时彻底完成对压力的反应，从而导致其变成潜在记忆隐藏在身体当中的情况。发生压力反应时，人的右脑会变得活跃，而左脑则会受到抑制，因此，此时人会无法进行语言表达和逻辑分析。

过去的创伤记忆在现实中重现，我们把这种经历称为闪回。此时，左脑停止运作，而右脑则过度活跃。

虽然现在有各种心理治疗手段，但是其中的大多数其实都遵循一个方案，那就是在保持患者的左脑或者说理性脑的活性的基础之上，让患者进入到过去的创伤记忆当中，让患者把残留在右脑或者说情绪脑中的未完成的思考、感情、感觉都发泄出来。

在日常生活中，当控制创伤记忆的开关被开启时，上述的那些反应就会突然爆发出来，这也许会让周围的人大吃一惊，但是只要本人能够意识到这其实是创伤记忆的重现，那么就可以泰然地应对了。此外，还需注意，根据情况不同，有时心理治疗可能会是一个不可缺少的环节。

必须把创伤记忆宣泄出来。

敏感すぎるあなたが、うまく話せる本

第五章

如何培养“强大人际力”

第五章的要点

无论如何都会担心事情不顺利，进而感到不安

- ☐ 与自己不熟悉的人初次见面时，由于过度紧张而畏畏缩缩
- ☐ 总是莫名地感到忧郁
- ☐ 被人夸奖时总是表现得过于谦虚，导致气氛变得尴尬

↓

请不要"过度谦虚"

虽然谦虚是一个优点，

但是有时它也能成为阻拦人走向成长和幸福的绊脚石。

"只要是好的评价，就不要犹豫地接受。"

养成这样一种认知的话，生活就会变得格外顺心。

要点 1

与人初次见面时，要寻找对方身上的优点，并将其传达给对方

与人初次见面的时候，首先要做的就是探寻对方身上的优点。一般来说，你发现的并非对方身上的过人之处，而仅仅是吸引你的地方，这是很正常的情况。当你把自己的发现传达过去的时候，对方会觉得自己被接纳了，从而愿意与你构筑良好的关系。

要点

2

当心情郁闷的时候，确认自己的言语、感觉、行动三者是否一致

“没有理由地感到郁闷”的时候，很大概率是自己无意识的情况下，言语、行动和感觉没有统一所导致的。比如明明已经累到筋疲力尽了，还要说“加油”的话，那么内心表达出抗拒也是必然的了。因此，当你觉得哪里不对劲的时候，一定要记得确认自己的言语、感觉、行动是否一致。

要 点

3

被人夸奖时，试着说“谢谢”

好不容易才被人夸了一句“真厉害”，但是却过于谦虚，总是不自觉地回复对方“没有这回事”“这没有什么么大不了的”……你是否也是这种人呢？其实，这个时候如果能够回复对方一句“谢谢”，那么由于你与对方互相顾及了彼此的情绪，你们就可以保持良好的心态，谈话也会取得意想不到的效果。

1

通过探寻对方优点来构筑友好关系

HSP 人群的杏仁核（大脑中控制情绪的部位）特别活跃，因此一旦看到对自己而言有危险的事物，大脑就很容易拉响警报。同时，他们还比一般人更容易回忆起自己一些不愉快的经历，导致自己陷入不安和恐惧的情绪中。因为这些原因，他们常常害怕自己跟他人变得亲密。

由于 HSP 人群很容易被他人的情绪所感染，所以如果想要摆脱不安和恐惧的情绪，最好和没有这些情绪的人待在一起。

“这个人在尊重我”——当认识到这一点时，我们就会很自然地对对方报以信任与好感。

因此，即使我们对对方没有任何了解，但是只要对方让我们感到受到了尊重，那么就不会感到危险，大脑也就随之将警报解除了。同理，当我们尊重对方的时候，对方也会消除戒备。

如果在运用上述大脑活动规律的基础之上，掌握第三节将要介绍的“人生三角形”法则的话，那些难相处的人就会减少许多。

其实，造成你一直进行自我否定、自我攻击的原因不仅仅是面前的对方。最大的敌人，其实就隐藏在自己的心中。

当不得不面对难相处的对象的时候，最需要做的就是承认对方，认真听取对方的话语。要做到尊重对方，让对方感到高兴。

尽管很难，但这真的是一个值得珍藏的好方法。

因为你的夸奖会让对方感到开心，所以即使你的表达方式多少有点笨拙，对方也不会放在心上，你无须为此担忧。

为什么会这样呢？这是因为没有人会讨厌自己被人喜欢，所以对方就会因此而接受你。

即使讨厌，也要尊重并且接受对方，这就是与难相处的人构筑友好关系的秘诀。

当自己能主动欣赏对方的时候，
就可以拥有更多的伙伴。

2

通过忠于自身感觉来减少心中的郁结

由于天生性格的因素，或者是受控制型的、以自我为中心的家长的教育方式的影响，相比起与对方抗争、逃离现场、与对方谈判等做法，HSP 人群更倾向于选择压抑自己的感情、放弃自己的意见、隐藏自己的本能和本心、配合并满足对方这样一种生活方式。但是这样做的话，自己的思维、感情和行动就会不再统一，意识也会发生解离，自己将变得不再是自己，同时还会很容易失去现实感。由于压抑自己的本心，以他人为优先，所以渐渐地就不会有属于自己的感情和愿望了。

请思考一下，你的发言、平日的思考以及感受这三点是否一直是一致的呢？面对公司的上级或学校的老师的时候，想要表达自己真正的所思所想对你来说是否很难呢?

如果过度的自我压抑和遭人忽视的情况持续下去的话，HSP 人群会由于消耗过度而陷入疲惫。

处在这种疲惫状态的时候，人总是会思考一些负面的东西，从而导致所观察到的世界也被加上了一层负面滤镜。

为了消除解离，首先，最重要的就是要意识到自己的感情、感觉已经与思考和行动相割裂开这个事实。虽然不顾及自身感受，仅凭着思考和行动也能生活，但是这样的话就不会有主体感和存在的实感，从而造成自身发生混乱。

所以说，一旦自己最近莫名地有点抑郁的话，一定要注意到自己心中那个疙瘩，承认一直以来被自己忽视或者压抑在内心的情感和感受，尝试去释放它们。

请思考一下自己真正的需求到底是什么。如果实在思考不出来的话，请感受一下自己的身体。如果隐隐约约感受到了什么的话，那么那个东西就是答案。请一定不要否定这个答案，要淡然接受它，即使这使你的言行不能统一也没关系。

试着思考自己真正的需求是什么。

3

通过培养积极思维来影响他人

你听说过莉丝・布尔贝尔所提倡的人际关系机制——“人生三角形”吗？所谓的人生三角形，就是指“外部的自己”如何对待“内部的自己”，其他人就会以同样的方式对待我们“外部的自己”。这与镜子的法则和创造现实的机制一脉相承。镜子的法则指出：人们与孩子的关系其实正是他们与父母关系的一个反映。而创造现实的机制则表明：我们对未来的设想会使现在的环境发生变化。

在人际关系方面如鱼得水、总是被好运眷顾的人往往有一个共同的特点，那就是他们所散发的能量是正面的，而正是这些正面的能量吸引了其他美好的事物。

如果你也想要成为这样的人的话，首先要对“现在已经很棒了”“自己做得很不错”“自己很走运”这几点深信不疑。

对于那些人缘好、总是很幸运的人来说，即使遇到了一些失败或者挫折，他们也会自然地觉得这只是偶然，自己下一次一定能成功。

正因为这种想法，所以在第二次尝试的时候，他们就不会有不好的预感，而且还可以充满自信地、果敢地面对挑战。

只有肯定自己的时候，我们让自己身边出现“好事”的能量才会变强。同理，一旦认为自己“运气很差”，那么我们的大脑就会开始向周围搜寻能够证实我们“运气很差”的事物。

虽然前文已经提到过，但我还是想要强调一下，我们所说出的话语是能够改变大脑的认知习惯的。因此，只要常常对自己说“原来如此啊”“没关系”“谢谢”等话语，我们就不会看到倒霉的事情，让自己被好运所包围。

哪怕只有一天也好，请尝试对自己说上述的那些充满能量的话语吧。到时候你就会发现自己所看到的世界焕然一新。

通过那些相信自己的话语，
可以使看到的世界焕然一新。

4

始终相信愿望的力量

我们所有人都具有爱、创造性和可能性。

但是如果坚信自己没有这些东西的话，我们就无法发挥它们的力量。

因此，如果想要实现自己的梦想和希望的话，一定要抛弃那种“不可能”的思想。

消极的想法与自我厌恶的情绪会封印住自己内部的力量，而积极的想法和自我肯定感则会让隐藏在内部的力量得以释放。

有时，当人们想要往好的方向去思考事情的时候，就会感到不安，从而会想要去做一些以防万一的对策。

如果真是这样的话，我们就只是去做那些预防万一的对策，而把真正该做的事情放到一边。最后，该做的事情就会不了了之。

为了在往好的方向思考的同时还能够感到安心，需要在保持积极的想法的同时拥有热情，学会客观，并抱有觉悟。

只要能够下定这样的决心，不考虑其他的方面，坚持走该走的路的话，内心的能量泉水就能够喷涌而出。

虽说如此，但是如果你没有上述的问题却依旧感到苦恼的话，那么阻挡着你内部力量的那个最大的障碍可能就是你“没有相信自己的力量”这一点。

具体来说，就是你需要承认自己身上有一些连自己也没有注意过的东西，那些东西存在于从儿时起就封印在身体中的消极想法和自我厌恶的情绪里。

解决措施其实很简单，相信身为HSP人群的你一定可以做得到。

那就是直面那些在暗中支配着自己的创伤记忆，并对它说“原来如此”“没事了”“谢谢”。

“这种事情根本不可能发生。”
——对于这样的消极想法，我们要加以摈弃。

5

改变认知习惯后，世界也会开始改变

内心敏感的人经常会为未来的事情而担忧。

他们往往不去想象好的方面，而是花很长时间来思考类似“要是发生了这样的事可怎么办呀……”这种不好的可能性，导致自己非常不安。

虽然他们本人也知道总是把事情往坏的方向想会使人感到痛苦，但是其中大多数人都会觉得“自己的性格就是这样，没办法”。那么，究竟为什么会出现这种情况呢?

人的记忆可以分为三种，分别是能被记得很牢的经验记忆、容易被遗忘的知识记忆和可以长期保持的技巧记忆。即使是一段仅凭语言描述很难回忆起的记忆，通过感情和情绪的作用，我们也可以很容易地将其回忆起来，甚至某些时候它还会让人难以忘怀。此外，对于那些连语言都没有的胎儿和婴儿时期的记忆，我们也可以通过情感、感觉的形式将它们保留下来。因此，即使时隔多年，童年时期的那些曾经伴随着强烈的情绪波动而烙印在心里的创伤也不会褪色。这些记忆一直深埋在人的心底，并且让人形成了一种对刺激的反应模式，支配着人们的思想和行为。有时会出现这样一种情况：一些明明已经遗忘的记忆却在某天突然非常真实地闪回在自己的眼前，从此开始对自己纠缠不休，让自己感到万分烦恼。也许，正是这些盘踞在你内心中的负面记忆造就了你的现在，并且让你担忧未来。

如果想要改变自己的情绪和行动的话，就一定要改变支配着它们的“认知习惯”。这些认知习惯的根源是自己的创伤记忆，如果能够进一步进入到自己的创伤记忆当中，并做出改变的话，那么问题就能够得到根本的解决。

在脑神经方面，有一种叫输出依赖性的原理，即在有目的地不断输出的时候，大脑可以对使用过的信息和有用的信息进行筛选和搜集，从而获得进步。同理，有的人之所以会不停地重复一些消极的东西，就是因为其潜在的目的就是希望自己朝着负面的方向前进。所以说，为了防止创伤记忆的再次回放，一定要注意到自己潜在的目的，并且将其改正。

改变认知习惯后，行为和“未来”就能得到改变。

6

不要被消极意识左右

作为人，我们必须要有这样一种自觉，即我们有意识到和意识不到的东西，甚至还会有完全无法意识到的东西。

虽然我们觉得自己的想法是经过思考而形成的，但是其实在大部分时候，它们都是由未上升到意识层面的身体感觉来决定的。如果再加上潜在记忆的作用，身体感觉的影响力甚至会比这更加强大。

人是基于自己的潜意识和记忆在现实世界中自动搜集对自己有用的信息的。因此，如果没有特别加以意识的话，即使是实实在在摆在眼前的事物，我们也无法获得其信息。

在面对一个自己不愿意面对的事物的时候，如果依靠的是潜意识，那么无论是从外部还是从内部记忆，我们都不会获得相关的情报，但是，如果依靠的是意识的话，即使是面对不愿意面对的事物，我们依旧能获取到需要的信息，并做出对策。由于浮现在意识当中的那些感情、感觉、记忆等其实只是冰山一角，因此如果想要避免陷入疯狂的状态之中，我们就要主动地把意识转向自己的内部记忆，不再对消极的事物视而不见，而是清楚地意识到它们，并接受它们的存在。

不能看清现实的话就会产生不安，只能看到消极事物的话就会产生恐惧。

为了不被不安和恐惧所左右，一定要正视消极，了解更多的现实，在细细品味这些消极的事物之后，转身把意识投向积极的事物。如果那些消极的事物又卷土重来的话，只需要再次好好地正视它们、品味它们，然后转身离开就可以。总而言之，最重要的就是不要害怕消极，不要被消极的事物所左右。

对于消极的事物，要学会“正视”之后“放手”。

7

感恩能够给自己和他人带来幸福

通过不断地说“谢谢”，我切实地感受到了语言的力量。

语言本身就带有能量，所以只要饱含着感情，那么无论听不听得懂，我们所发出的声音都会影响到他人与自己。

除了“谢谢”，我还发现了很多能让情绪低落的人变得活力满满的“魔法词语”。接下来，我将把这些词语告诉大家，希望大家一边抚摸自己的腹部（那里住着内在小孩），一边说给自己听。

这些词语就是:“辛苦了”（共鸣）、“这样就好”（安心）、“真努力”（慰劳）、“原来如此”（赞同）、“没关系”（放心）、

“你真厉害”（尊敬）等等。

对于这些词语，有的人可能会由于痛苦或者难受而说不出口。之所以会出现这种情况，是因为心中的阴霾在被我们察觉到后发生了骚动，因此无须担心。

请一定要尝试去使用这些词语。

常说“谢谢”，可以为自己和身边的人带去幸福。

8

相信自己也是值得赞美的人

缺乏自信和没有主见的人往往责任感很强，而且很容易看轻自己。

即使受到了别人的夸奖，他们也会通过贬低自己来表示谦虚，常常回复对方“哪里哪里，这没什么大不了的”“其实还有很多不足之处”等等。

在试图和自己讨厌的人或者棘手的人拉近关系的时候，保持谦虚的态度，尊重对方，以对方为中心是行之有效的方法。但是，如果过于谦虚，那么很有可能会让自己成为顺从对方的奴隶。

虽然在不小心犯错之后应该诚实地承认错误，向对方道歉，但是完全没有必要因此被他人否定自己的人格。

为了避免过分谦虚，可以学习一下下面的说话方式。

首先，在承认错误的时候先果断地说一声“对不起”，然后再说“帮帮我吧”“麻烦教我一下”等来申明自己的主张。

此外，在受到他人的夸奖或者接受他人馈赠的时候，直白地对对方表示感谢，对对方说“谢谢”或者“托您的福”等等，这样就可以给对方以尊重。

通过感谢夸奖自己的人，可以给对方以尊重。

9

积极的自我暗示，能够开启美好的未来

明明觉得“想这样做”“必须这样做”“应该这样做”，但是实际做出的事情却与自己的心理相反；明明没有什么原因，但是却不停地在同一个地方失败……这种情况是显意识和潜意识之间发生了“心理反转”导致的。

导致“心理反转”的原因包括：成长时期受到虐待、否定，有精神创伤经历、依恋障碍，负面想法过多、自责、自罚等等。

发生心理逆转后，会导致人不能重视自己、无法对他人的幸福感到喜悦、无法从无望的生活中脱身、过度依赖他人等等。

要想改善这种情况的话，就需要对自己过去的精神创伤和错误的观念加以注意，承认它们的存在，学会看淡这一切。然后，通过心理的稳定化训练让能量的流动重新恢复到原来的状态，使大脑活动重新恢复平衡。

让他人分担自己的痛苦、悲伤、烦恼等负面的情绪，同时，与他人共享喜悦、快乐、平和等正面的情绪，这样做可以让身心舒畅。

如果有什么想要实现的愿望的话，不要放弃，努力做好力所能及的事情就可以。最重要的就是放弃对自己的评判，认真地面对自己的内心，做自己喜欢的事情，真实地生活下去。

与他人分享快乐可以让身心舒畅。

10

有想做的事时，要勇于表达

心理学上有个方法叫作自我暗示法，即通过语言对自己加以暗示。无论何时何地，不断用简短的语言对自己直截了当地说："就这样做！""要变成这样！"

有一些诀窍可以让语言成为自己的助力。首先，在进行自我暗示之前，要有意识地做到下面几点："使用内心能够接纳的语言""不拘泥于措辞""对自己的目标进行具体的描述""着眼于未来""承认说这种话的自己""不畏惧失败，不断地进行尝试"等等。

然后，进行自我暗示，暗示后再问一下自己："感觉怎么样？"

这个问题的答案一般就在于自己。是喜欢还是讨厌、是否欢欣雀跃……以这些情绪为依据，就可以找到适合的语言了。请一定要爱自己，尊重自己，告诉自己："我真棒！"

我们每个人的大脑都是不同的，因此所看到的世界也不同。但是，我们却总是认为所有人的所见、所感都是一样的。

这个世界上的一切都由善恶、正负、表里等两方面组成。然而，如果以一种长远的眼光来看的话，这些看似一分为二的东西其实彼此之间密不可分，并且总是处在相互转化之中。

我们任何人都有优势和弱势，有善的一面，也有恶的一面。但是，无论哪一方面，都是自己的一部分。

当拥有这样宏观的视角，不局限于眼前的事物当中，能做到顺其自然的时候，自己的愿望也就可以实现了。

只要相信自己，那么无论未来如何，
都可以继续前行。